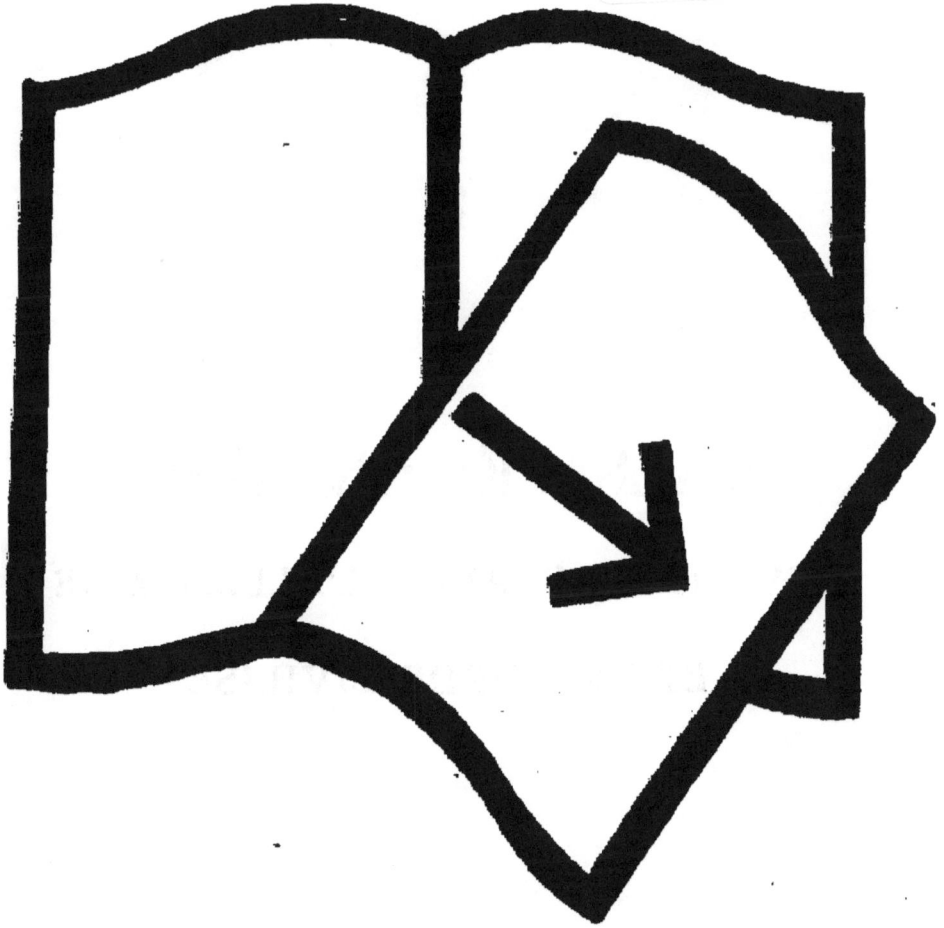

Couvertures supérieure et inférieure
manquantes

L'ALSACE-LORRAINE

DEVANT LA FRANCE, L'ALLEMAGNE

ET LE MONDE CIVILISÉ

L'ALSACE-LORRAINE

DEVANT LA FRANCE, L'ALLEMAGNE

ET LE

MONDE CIVILISÉ

> Tu ne cede malis, sed contrà audacius ito.
> O France, ne fléchis pas sous le poids de tes malheurs, mais fais des efforts suprêmes, pour réveiller ton ancienne audace.

EN VENTE

CHEZ TOUS LES LIBRAIRES.

A NANCY, CHEZ MM. SIDOT FRÈRES ET HUSSON-LEMOINE.

A GENÈVE, CHEZ M. TREMBLEY.

A BRUXELLES, A LA SOCIÉTÉ CATHOLIQUE DE LIBRAIRIE.

A AMSTERDAM, CHEZ M. VAN LANGENBUYZEN.

A LISBONNE, CHEZ MM. FERIN ET Cie.

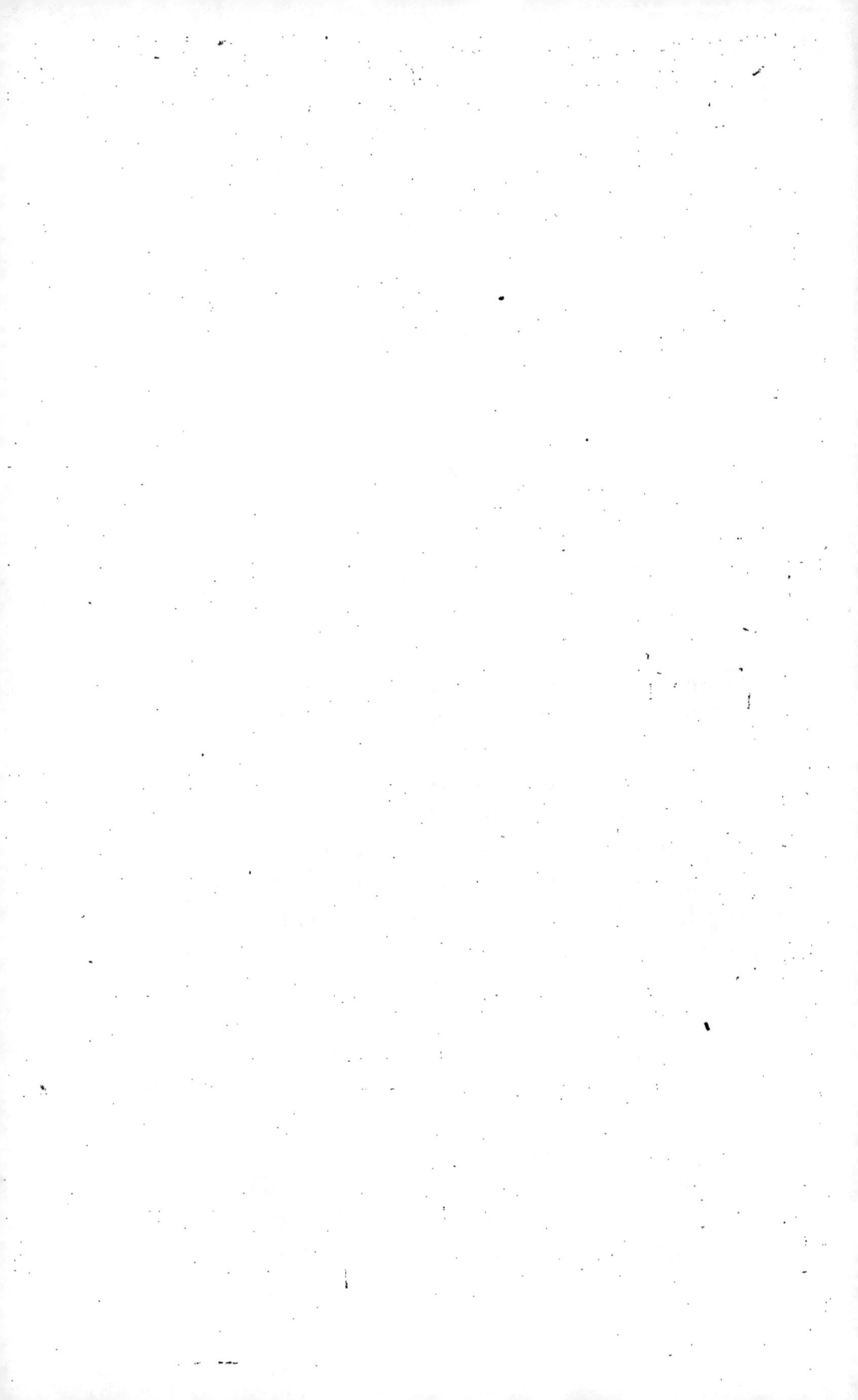

AVANT-PROPOS

MOBILISATION

Dans l'état incertain où se trouve le monde civilisé, et dans cette fièvre endémique du militarisme, qui s'est emparé de tous les États européens et qui les épuise tous, ce qui nous surprend le plus, c'est que les puissances prépondérantes sur terre et sur mer, telles que la Russie et l'Angleterre, ne se soient pas encore concertées, afin d'arrêter le fleuve de sang fratricide, qui, dans un avenir plus ou moins prochain, doit inonder notre planète, et de demander le désarmement général, ainsi que l'affranchissement de l'Alsace-Lorraine, *cause innocente* de tant d'angoisses universelles. Nous pensons que l'exemple donné d'en haut, serait suivi des gouvernements secondaires. Mais, il parait que l'idée d'un désarmement est une chimère.

Quoique le Créateur s'appelle aussi *le Dieu de la science, Deus scientiarum,* et qu'il ait soumis à l'homme tous les éléments de la nature et que toutes

1

les perfections de l'ordre naturel, que nous pourrions inventer, soient voulues par la Providence et entrent dans le plan divin, néanmoins, en voyant tant d'engins destructeurs qu'on invente et qu'on perfectionne tous les jours, ne dirait-on pas que Dieu, qui a fait *les nations guérissables*, (1) veuille châtier leur aveugle et impénitente infidélité, par le génie de la destruction ? En effet, toutes les inventions, dont la civilisation moderne est si fière, n'aboutissent-elles pas à trouver, en dernière analyse, les moyens de détruire plus rapidement et avec plus de sûreté *l'homme* et *ses œuvres* ?

Ainsi, la physique, la chimie, l'astronomie, les connaissances des sciences naturelles, les perfections de l'industrie, tous les éléments de la nature et de la prospérité matérielle : houille et soufre, eau et feu, gaz et électricité, vapeur et lumière, or et argent, fer, cuivre, plomb, acier, métal sous toutes formes et de tout nom connu et inconnu, bois, cuir, papier, étoffes variées et de toutes couleurs, chemins de fer, télégraphe, téléphone, vélocipède, animaux, chevaux, chiens, pigeons, hirondelles, tout ce qui sert à manger, à boire, à vêtir le corps, à le défendre contre l'intempérie des saisons, à le soulager, à le guérir, à le retirer des portes de la mort, sera employé dans les guerres de l'avenir, à détruire plus rapidement, nous et nos pénibles travaux.

N'est-ce pas là l'ironie de la Providence ou la réalisation de cette maxime de l'éternelle sagesse : *L'homme est puni par où il a péché ?* (2)

(1) Sap., I. 14.
(2) Sap., XI. 17.

On abandonne généralement, aujourd'hui, la Religion, les idées surnaturelles pour ne vouloir dépendre que de la raison, de la folle science et des choses sensibles. Eh bien ! le Créateur de toutes choses nous abandonne, pour notre plus grand malheur, à nous-mêmes, parce que nous sommes trop étrangers à la foi. Nos inventions destructives seront, tôt ou tard, notre châtiment.

M. de Bismarck dit avec raison: « quelqu'indemnité que demanderait le futur vainqueur, les misères qui suivraient la guerre resteraient irréparables. » Malheureusement, le prince *de fer* est en grande partie responsable de cette lamentable situation.

C'est pourquoi, tout esprit sérieux tremble devant l'idée seule de la *mobilisation* d'une ou de plusieurs nations devenues ennemies.

Depuis que le monde existe, personne n'aura été témoin d'un pareil spectacle. La vie civile, industrielle, politique, sociale, sera subitement arrêtée, comme frappée de paralysie entre les pays en guerre. Lorsque, aux quatre extrémités d'une contrée, l'on entendra ces accents lugubres : *Mobilisation ! Mobilisation !* aussitôt tous les hommes valides s'empresseront de courir aux armes, de les chercher, dans les lieux indiqués sur leurs livrets, de se hâter de s'équiper complètement, et d'être prêts, en quelques heures, à combattre avec armes et bagages, qui à terre, qui sur mer, de se diriger, sous leurs chefs respectifs, vers les chemins de fer ou vers les vaisseaux, les ports désignés, et de voler aux frontières menacées.

Quels troubles ! quels tumultes ! quelles alarmes !

quelles angoisses ! quelle agitation universelle ! Au départ, quelles scènes déchirantes ' quels sanglots ! quels cris dans tous les membres des *familles !*

Les épouses, les mères, les filles, les sœurs, les fiancées, folles de douleur, avec les enfants, se jetteront au cou, entre les bras de leurs pères, de leurs maris, de leurs frères, de leurs fiancés, forcément soldats, crieront, se lamenteront, sangloteront, voulant les retenir, par leurs larmes, leurs sanglots, leurs embrassements ! Ne dirait-on pas les adieux suprêmes du jugement dernier ? Mais, malgré les émotions de la nature, le devoir commande ; il faut obéir. — *En avant, marchons !*

Bientôt on n'entend plus que le cliquetis des armes, le pas des soldats empressés, les chevaux qui piaffent, le roulement des caissons et des canons, le sifflement de la vapeur du train ou du vaisseau, qui emporte hommes et choses.

L'ennemi est atteint ! les Allemands combattront avec leurs *fureurs teutoniques*, dit M. de Bismarck, pour le maintien de leur supériorité, de leur réputation et de leurs conquêtes. Les Français, pleins de leur *antique furia*, se jetteront semblables à des lions, avec confiance dans leurs chefs et leurs armes, sur les Germains, *la rage au cœur*, désirant venger l'honneur perdu de la nation, la conquête de l'Alsace-Lorraine, et récupérer la gloire flétrie par la cession de Metz et de Strasbourg ; on sabre au galop ; on perce à coups de lances ; on décharge les canons revolvers. Dans quelques instants, le vacarme est à son comble, les oreilles se trouvent assourdies par le battement incessant des tambours, par le son des

clairons et des trompettes qui sonnent continuellement la charge, par la voix des chefs qui crient
en avant, vorwœrts, par le pétillement des fusils à
tir rapide, par le tonnerre des canons qui vomissent
la mitraille et la mort, par l'éclat des obus explosifs,
destinés à briser tous les obstacles.

Aux déchargements de ces engins destructeurs, les
plus meurtriers de l'invention moderne et ancienne,
qui causeront peut-être plus d'une surprise, succéde-
ront des monceaux de cadavres, d'hommes et de
chevaux, avec les gémissements affreux des mourants, les hurlements des guerriers horriblement
mutilés. Après la bataille, peu importe le vainqueur,
quel sanglant spectacle se présente aux yeux cons-
ternés ! Il défie le plus héroïque dévouement des
médecins, des aumôniers et des sœurs de Charité,
ainsi que celui de l'armée des brancardiers, des
infirmiers, pour pouvoir donner, dans les nombreuses ambulances, les soins les plus nécessaires aux
blessés, aux mourants, aux cadavres mêmes. Le
grand nombre des tombés débordera nécessairement
le zèle le plus ardent et le plus expansif, lorsqu'on
songe aux énormes masses d'hommes, engagés
dans les combats actuels.

Peut-être, à plus de trente lieues de circonférence,
plus loin que la vue aidée d'une lunette d'approche
perfectionnée puisse porter, on n'apercevra que des
mares de sang, que des débris de chair d'hommes
et de chevaux, que des tas d'animaux et de morts,
que des fusils brisés, que des voitures et des canons
démontés, que des arbres dépouillés de leurs feuilles
et de leurs branches, jonchant pêle-mêle les champs,

et les routes ; que des chevaux errants sans cavaliers, que des fermes, des hameaux, des villages incendiés, que des bandes de femmes, de vieillards et d'enfants éplorés, cherchant çà et là un abri contre l'intempérie des saisons et de quoi satisfaire la faim ou la soif qui les dévore. Partout l'œil ne verra que des ruines et d'indicibles destructions. Ce sera un spectacle plus horrible que la pluie de pierres, que la colère de Dieu fit tomber, du temps de Josué, sur les *Peuples maudits de Chanaan* (1). Que cette affreuse scène est faite pour inspirer l'amour de la paix aux gouvernements humains !

Ajoutez que le terrible fléau de la guerre ne marche jamais seul. Il est toujours accompagné de deux autres, son cortège ordinaire, de la *famine*, de la *peste*, qui le rendent si effrayant. Car, dans l'Écriture sainte, le Verbe incarné, quand il veut punir les hommes coupables et impénitents, est représenté, assis sur un *coursier blanc* ; sa tête est chargée de diadèmes ; ses yeux sont deux flammes ; de sa bouche sort une épée à deux tranchants, pour punir les méchants et protéger les bons. Son bras est armé d'un arc redoutable ; il vole de victoire en victoire et il est suivi :

D'un cheval rouge, symbole de la guerre ;
D'un cheval noir, symbole de la famine ;
D'un cheval gris, symbole de la peste.

Le cavalier de ce dernier coursier s'appelle la *mort* ; il lui est donné de faire mourir, aux quatre extrémités de la terre, les hommes par les trois fléaux réunis (2).

(1) Josué, XII.
(2) Apoc. VI et passim.

Puisse cette prophétie du disciple bien-aimé de Jésus-Christ ne jamais se réaliser en Europe! Puisse la paix, le bien le plus précieux des nations comme des individus, régner dans les États et les cœurs, faits pour s'entr'aimer et non pas pour s'entre-déchirer! Puisse surtout la paix du Christ, notre doux Sauveur commun, dilater l'âme des Gaulois et celle des Germains, frères de sang, de race et de Religion, comme de civilisation! Puisse l'amour mutuel que nous devons avoir les uns envers les autres, inspirer à tous, l'esprit de justice, qui consiste essentie.ement à réparer le tort qu'on a fait et à rendre le bien d'autrui!

L'ALSACE-LORRAINE

DEVANT LA FRANCE, L'ALLEMAGNE
ET LE MONDE CIVILISÉ.

———

L'affranchissement ou la liberté de l'Alsace-Lorraine, sous une forme ou sous une autre, constitue, pour la France, l'Allemagne, l'Europe et le monde civilisé :

1º *Une question d'honneur,*

2º *Une question de justice,*

3º *Une question de nécessité et d'équilibre international.*

Nous voulons rendre évidentes à tout homme de bonne foi ces questions qu'on a cherché à obscurcir, faire appel dans un appendice à l'esprit de Jésus-Christ, le *Prince de la paix* et le *Dieu des Armées* et montrer la différence entre les *guerres païennes* et les *guerres chrétiennes.* Puisse notre travail être béni d'en haut et avoir un résultat pratique !

———

PREMIÈRE PARTIE

UNE QUESTION D'HONNEUR

CHAPITRE PREMIER

IDÉES GÉNÉRALES SUR LA MISSION DES PEUPLES

Les peuples, comme les individus, ont ici-bas une mission à remplir. La plupart des hommes sont destinés à l'obscurité et n'arrivent pas à un rôle connu ; il en est de même des nations. Celles-ci aussi en majorité, apparaissent et disparaissent sans grand bruit ni éclat, de la scène de l'Univers. Elles peuvent parfois attester la vérité du proverbe : « *Bienheureux ceux qui n'ont point d'histoire !* » Cependant tous les hommes, et tous les peuples entrent dans le plan de la Providence, et dans l'harmonie de l'ensemble du genre humain. Si, dans le corps humain, les divers membres ont leurs fonctions assignées, si les yeux les éclairent, si la tête les dirige, si dans notre système sidéral, le soleil projette sa lumière sur les autres planètes, qui toutes contribuent à la beauté, à la splendeur, à la marche régulière des astres, ainsi l'Ordonnateur de toutes choses a prédestiné certains peuples pour imprimer aux autres une *direction* salutaire: fidèles à leur mission, ils sont récompensés dans le monde, par la gloire, la paix, la prospérité matérielle et morale; infidèles, ils sont punis par des humiliations extraordinaires, soit par la guerre civile ou étrangère, soit par la conquête; impénitents et endurcis dans le mal, ils disparaissent souvent honteusement de la carte géographique, parce qu'ils sont devenus inutiles et que leur existence n'est plus nécessaire au genre humain. Placés sur le chandelier de l'histoire, ils manifestent dans leur châtiment, comme dans leurs prospérités, l'action juste, paternelle, miséricordieuse de Dieu dans le gouvernement des choses terrestres. Avant Jésus-Christ, on nomme les Egyptiens, les Assyriens, les Mèdes, les Perses, les Grecs, les Romains. Tous, par leurs erreurs, même leur langue, leur civilisation préparèrent aux Apôtres la prédication de l'Evangile; car, comme dit Saint-Paul, *tout arrive pour l'avantage des Elrs et de ceux qui aiment Dieu* (1). Au-dessus de tous planent les fils de Jacob, les Israélites ou les Juifs, à l'instar d'un phare lumineux. Ces derniers, furent providentiellement mêlés à toutes les races historiques et destinés à leur conserver et leur annoncer les

(1) Rom. VIII, 8.

merveilles du Très-Haut, dans le but de les préparer
à l'avènement du Rédempteur, le héros et le point
culminant de l'histoire. Les péripéties, la prospérité
et les désastres de leur patrie, proclament leur mission privilégiée.

CHAPITRE II

IDÉES PARTICULIÈRES SUR LA MISSION DE LA NATION
FRANQUE OU GALLO-ROMAINE

Après Jésus-Christ, il y eut comme une nouvelle
création et une autre humanité, composées de chrétiens. Le vieux monde, le monde païen croula en
Occident et l'ancienne société fut modifiée au profit
du Verbe incarné, dans le Fils de Marie, sorti de la
race d'Abraham et de David.

L'empire Romain qui avait établi sa rude domination sur toutes les autres nationalités historiques et
créé l'unité matérielle du globe connu, afin de faciliter la prédication et l'unité spirituelle de l'Evangile,
devint lui-même la proie des Barbares. Ceux-ci,
convertis au christianisme, formeront les peuples
modernes et devront porter la civilisation chrétienne
dans l'Univers entier. Leurs œuvres et leur mission
ne sont pas encore achevées.

Témoin l'Asie et l'Afrique, où il reste des millions
d'hommes qui n'ont pas encore entendu ni accepté
la bonne nouvelle du Christ.

Dans le but d'être aptes à remplir leur rôle de civilisateurs universels, il faut aux peuples modernes le long travail des siècles. A leur tête marchera la race *franque*, sortie de la Gaule germanique, lorsqu'elle sera baptisée et imprégnée de l'esprit catholique des Gallo-Romains. Elle aura une destinée analogue, même supérieure à celle du peuple Israélite. Elle devra servir de flambeau aux autres peuples, et en même temps être l'Apôtre armé du Christ. Fidèle à sa haute vocation elle deviendra la nation la plus prospère, la plus glorieuse de la terre. Infidèle, elle sera châtiée d'une manière exemplaire, en sorte que sa grandeur et ses chutes, sa prospérité et ses désastres, seront des leçons historiques et vivantes. Mais dans ses plus profonds abaissements, Dieu ne lui a jamais, jusqu'à nos jours, retiré sa miséricorde. Toujours, comme anciennement au peuple Juif, dans ses malheurs extrêmes, le Seigneur lui envoya des secours extraordinaires. Remarquons-le bien, le peuple juif n'avait qu'à ⸱⸱ partie de la mission de la France. Le premier ⸱⸱ levait *qu'annoncer ou figurer le Messie*, sans être ⸱⸱ dehors le soldat de la vérité, tandis que la nation franque sera tout à la fois *le soldat* et *l'Apôtre* de la vérité chrétienne. C'est pourquoi la Providence, qui donne avec abondance, aux peuples comme aux individus, les moyens de remplir leur mission, rendit la race *franque* maîtresse de la Gaule. Elle dota les *Francs-Saliens* comme jadis les Israélites, d'une contrée privilégiée où coulent également *le lait et le miel*. Ce pays, situé au centre-ouest de l'Europe, baigné par trois mers, arrosé par des fleuves nombreux ;

riche en productions de tout genre, sous un climat doux et tempéré, formera un vrai Paradis terrestre et le royaume le plus beau, après celui du Ciel, mais à la condition que son peuple sera l'*Apôtre,* le défenseur et l'*épée tutrice* du Christ et de son Eglise.

Depuis leur dispersion, les hommes groupés en nations, selon leurs origines et leurs langues, partis de la plaine de Sennaar en Babylonie, étaient poussés par une main mystérieuse d'Orient en Occident vers Rome, où Dieu, après l'avènement de son Verbe incarné, avait dressé la chaire de la vérité chrétienne. Dans cette marche séculaire et cette formation lente des races courageuses et armées, les Francs vinrent des bords du Rhin, dans le Nord de la Gaule, alors plus grande que la France actuelle, car, ne l'oublions pas, la Gaule fut toujours baignée par les flots du Rhin. Les Francs s'y établiront et seront les premiers à embrasser la foi catholique. Leur nation sera miraculeusement enfantée à Jésus-Christ *sur le champ de bataille* et baptisée à Reims des mains de Saint-Rémi, dans ses représentants, grâce à la sainteté des femmes et des Evêques de la contrée. *La victoire de Tolbiac,* près de Cologne, due au Dieu de Clotilde, refoula bien au-delà du Rhin *en 490 les Allemanes,* tribu féroce de la Germanie, laquelle avait envahi l'*Alsace* et menacé la *Lorraine.* Après leur Baptême, les *Francs* assimilés aux Gallo-Romains, en majorité catholiques, firent facilement la conquête de toute la Gaule, et montèrent la garde sur les bords du Rhin, de l'Océan, de la Méditerranée, rejetant de gré ou de force tous les barbares du Nord et de l'Est, de l'Ouest et du Sud, qui ravageront leurs terres. *Allemanes*, Teutons, Goths, Visigoths, Ostrogoths, Lombards, Saxons, Huns, Vandales, Normands, Danois, Arabes, Anglo-Saxons, peuples à noms connus et inconnus, viendront se heurter contre leur épée; toujours leurs chefs les plus renommés, Pépin d'Héristal, Charles Martel, Pépin-le-Bref, Charlemagne, briseront l'audace des envahisseurs et des ennemis de l'Eglise ; ils *conserceront* les frontières naturelles du royaume des Francs et seront les pionniers de l'Evangile et de la civilisation chrétienne dans le monde.

Ainsi Clovis, le fondateur de la monarchie franque, inaugura son règne par l'*Affranchissement de l'Alsace-Lorraine* et commença la mission providentielle de son vaillant peuple, en le rendant l'Apôtre du Christ. L'*Alsace-Lorraine* resta sous la domination de la France jusqu'à l'avènement des empereurs d'Allemagne, vers la fin du dixième siècle, pour en faire partie de nouveau en 1552 sous Henri II, roi de France, jusqu'au traité de Francfort en 1871. Sans doute dans l'apostolat de la France, il y aura bien des fautes, des défaillances, des lacunes ; car il n'y a rien de parfait sur la terre, encore moins chez les peuples que dans les individus. Mais, malgré les apparences contraires, la Fille ainée de l'Eglise restera le bras armé et le défenseur naturel de la Papauté et de l'Eglise.

CHAPITRE III

IDÉES PARTICULIÈRES SUR LA VOCATION DE LA RACE FRANQUE. — *(Suite)*

La mission du **divin** Rédempteur fut **complexe.**
Néanmoins il ressort de cette mission deux **carac-**
tères : *spéciaux et communs à tous les hommes sans*
exception. Notre Seigneur *fut le Sauveur* et *le Mo-*
dèle de tous les enfants d'Adam. Il passa par toutes
sortes d'humiliations, mais il conserva toujours son
titre de noblesse, les privilèges de *l'aîné, du premier*
né, primogenitus. C'est pourquoi, Saint Paul l'appelle
le *premier-né* parmi toutes les créatures : primogenitus omnis creaturæ (1), et l'Evangéliste Saint-Jean :
le *premier né d'entre les morts :* primogenitus mor-
tuorum (2). Saint-Mathieu dans la Généalogie de
Jésus-Christ, le proclame le Fils de Dieu et le *Fils*
d'Abraham et de David, filius David et filius Abraham ; Saint-Luc fait monter la genèse de la Sainte
Vierge, épouse de Saint-Joseph, jusqu'à Adam qui
fut de Dieu, *qui fuit Dei* (3). Personne sur la
terre ne peut présenter des ancêtres comparables
à ceux de l'humble Fils de Marie. De même les
Israëlites, furent *le premier peuple choisi par Dieu,*
populorum primogenitus et la nation française est la

(1) Colosse, t. 15.
(2) Ap. t. 51.
(3) Luc III, 38.

fille aînée de l'Eglise, mais le peuple franc est le *premier né*, primogenitus, parmi les peuples *chrétiens*. Or, anciennement, conformément à la loi *des prémices*, instituée par Dieu lui-même, *l'aîné* de la famille recevait du père une bénédiction particulière ; il était *prêtre*, et *devait être* le défenseur et le protecteur des autres membres de la famille. Nous nous permettons donc de répéter ici ce que notre Seigneur disait du mariage : « *Ce que Dieu unit, que l'homme ne le sépare pas ;* quod Deus conjunxit, homo non separet(1). » Nous pensons, en vérité, pouvoir appliquer aux nations comme aux individus, l'*indissolubilité d'un contrat divin*, sauf le cas de félonie ou d'infidélité à ses engagements, de la part de la nation privilégiée, comme chez le peuple Juif.

C'est pourquoi, par suite de la communauté des biens spirituels, parmi les fidèles, toute la chrétienté s'est réjouie de la conversion de Clovis et de la nation franque. Plusieurs saints Pontifes leur prédirent leurs hautes destinées et le grand rôle que la Providence leur assigne, dans le cours des siècles.

Le Pape Anastase écrivit à Clovis : « Glorieux et illustre fils, soyez la consolation de votre mère, l'Eglise ; devenez, pour la soutenir, une colonne de fer. Nous espérons, dans la personne d'un si grand prince, un protecteur capable de la défendre contre tous ses ennemis. » Saint Avit, évêque de Vienne en Dauphiné, quoique sous la domination des Burgondes, peu amis des Francs, crut aussi devoir

(1) Matth. XIX, 6.

adresser à Clovis une lettre de félicitation et d'espérance, en lui disant : « Votre foi devient notre victoire ; vos combats sont nos triomphes. Vous avez appris de vos ancêtres à régner sur la terre, et vos descendants apprendront de vous à régner dans le ciel. *Lumière* et *soleil* de l'Occident, après avoir éclairé toute votre nation et l'avoir entièrement consacrée à Dieu, vous porterez, par vos envoyés, le flambeau de la foi aux peuples les plus éloignés, qui vous garderont une éternelle reconnaissance. » A ce concert des grands Evêques et du Pape de l'époque, le génie de notre immortel Bossuet ajoute : « Saint Remy vit en esprit qu'en engendrant à Jésus-Christ les rois des Francs avec leur peuple, il donnait à l'Eglise d'*incincibles protecteurs*. Ce grand saint et ce nouveau Samuël, appelé pour sacrer les rois, sacra ceux-ci, comme il l'a dit lui-même, pour être les *perpétuels défenseurs de l'Eglise et du peuple : digne objet de la royauté*. Après leur avoir enseigné à faire fleurir les églises et à rendre les peuples heureux, *il priait nuit et jour*, afin qu'ils persévérassent dans la Foi et qu'ils régnassent, selon les règles qu'il leur avait données, leur prédisant en même temps, qu'en dilatant leur royaume, ils dilateraient celui de Jésus-Christ, et que, s'ils étaient fidèles à garder les lois qu'il leur prescrivait de la part de Dieu, l'empire Romain leur serait donné, en sorte que des rois Francs, sortiraient des empereurs dignes de ce nom, qui feraient régner Jésus-Christ » (1).

_____

(1) *Bossuet. — Sermon sur l'Unité.*

Ainsi, la mission de la nation franque, qui sera le *soldat* et l'*Apôtre* du Christ, lui est tracée, dès sa vocation au christianisme.

Des hommes inspirés de Dieu la lui indiquèrent, et prièrent pour sa persévérance, source de sa grandeur. Cette mission se caractérise encore mieux par le *sacre* que Saint Rémi, ajouta par surcroît, au Baptême de Clovis. Cette imposante cérémonie, imitée de l'Ancien Testament, avait lieu pour rendre plus modéré le pouvoir des rois chrétiens, en lui rappelant sa double *dépendance de Dieu et des hommes.* « Fier Sicambre, disait le grand Evêque des Gaules à Clovis, lorsqu'il l'oignit de l'huile sainte : Brûle ce que tu as adoré, et adore ce que tu as brûlé. » En d'autres termes : « Jusqu'ici tu as été le défenseur de l'idolàtrie, du culte des démons, et le persécuteur de la vraie Religion. Sois désormais l'appui, le protecteur de l'Eglise et des choses saintes ; renonce à la force brutale, ne compte pas seulement sur ton épée, mais laisse-toi guider par l'esprit de justice ; sache qu'il y a au Ciel un Souverain qui juge les rois et que, sur la terre, tu ne dois vivre que pour le bonheur de ton peuple. »

Dans le sacre, le prince jurait d'être le défenseur de la foi chrétienne, le tuteur des églises et de ses ministres, *le gardien des frontières de la nation.* Le clergé et le peuple, d'une voix unanime, acclamaient leur fidélité et leur soumission au monarque.

Le but et le sens de cette solennité étaient, comme nous venons de le remarquer, d'empêcher le pouvoir de devenir arbitraire et absolu, de rendre les rois humbles devant Dieu, humains envers les peuples,

vigilants et courageux à défendre tous les droits de
Dieu et des hommes. Le sacre solennel, où les rois
et les peuples se donnaient des garanties réciproques, ne valait il pas mieux que la guillotine, les
revolvers et les barricades, où l'on tue et, où l'on
chasse les meilleurs princes ? Le comte de Maistre
a donc raison de dire : « La sainte Ampoule ne fut
qu'un hiéroglyphe pour qui sait lire et depuis
Saint Remi, les Evêques, successeurs des Druides
et des Bardes, ont été les véritables Orphées de
l'Europe, qui apprivoisèrent les tigres et se firent
suivre par les chênes (1). »

Le baptème et le sacre de Clovis gagnèrent
à Clovis les cœurs des Gallo-Romains, en majorité
catholiques, comme nous l'avons déjà dit plus
haut ; ils étaient alors opprimés par les Burgondes
et les Visigoths Ariens, établis au centre et au
sud de la Gaule.

Le chef des Francs, quoiqu'il conservât après son
baptème, quelque chose de l'instinct barbare et
cruel de ses ancêtres, réalisa néanmoins l'espérance
des catholiques ; il les délivra du joug de l'hérésie ;
il rendit les Burgondes tributaires (en 500) ; il défit
les Visigoths à Vouillé près de Poitiers (507) et devint le maitre de la plus grande partie de la Gaule.
Aussi, à son passage à Tours, trouva-t-il les ambassadeurs de l'empereur d'Orient, lesquels lui
remirent les titres de *Consul* et de *Patrice*, sym-
boles publics du droit impérial. Le monarque, avec

---

(1) *De Maistre. — Considérations sur la France.*

son armée de Francs, n'était plus, aux yeux des Gallo-Romains, un conquérant barbare et païen, mais un prince orthodoxe, le consul de Rome et le protecteur de l'Eglise. A raison de ces divers titres, qui légitimaient les conquêtes de Clovis et de ses Francs, la soumission des vaincus devint facile et honorable. C'est ainsi, qu'au moment où tout semblait désespéré, que l'Empire Romain était envahi de tous côtés par les Barbares, que la Foi catholique n'avait pas un bras armé pour la défendre, Dieu, toujours admirable dans ses voies, suscita miraculeusement la nation franque, lui confia la noble mission de propager l'Evangile et d'être le *perpétuel* défenseur de l'Eglise, contre les *attaques de l'hérésie et de l'infidélité. Salutem ex inimicis nostris. Fidèle* à cette belle vocation du ciel, elle sera, nous le répétons, au-dessus de toutes les autres nations, heureuse, prospère, grande. *Infidèle*, elle sera ramenée par le malheur dans ses voies naturelles. Impénitente et endurcie dans l'impénitence, elle disparaîtra par la conquête, comme le peuple Israëlite. Car une nation, pas plus qu'un individu n'abandonne pas impunément le poste que la Providence lui assigne.

Ce fut par une salutaire inspiration que Jeanne d'Arc, la libératrice de la France, répétait souvent à Charles VII, prince mou, faible et irrésolu, ces paroles mémorables : « Etant sacré, vous reviendrez le vicaire du roi du Ciel, comme tout vrai Roi de France doit l'être. »

CHAPITRE IV

LA VOCATION DE LA NATION FRANQUE, DEVENUE
CATHOLIQUE, REÇOIT UNE ÉCLATANTE CONFIRMA-
TION, DURANT LE RÈGNE DE LA DYNASTIE MÉRO-
VINGIENNE, GRACE A SON ACTION SALUTAIRE SUR
LES PEUPLES BARBARES ET A LA SAINTETÉ DE
SES ÉVÊQUES ET DE SES VIERGES.

Pendant la période des Mérovingiens, l'esprit de
l'Evangile pénétra les races barbares et conqué-
rantes de l'Occident ; il modifia leur humeur no-
made et guerrière, en les fixant au sol et en les
rendant aptes à la vie civile. Leur glaive se convertit en soc de charrue, selon l'énergique expression
du prophète Isaïe. Le droit de la force céda devant
les lois éternelles de la justice: *Cedant arma togæ.*
Les principaux instruments de cette transformation
sociale, furent les grands Saints qui, à l'époque de la
conquête de Clovis, florissaient en Occident, Saint Hilaire de Poitiers, Saint Martin de Tours, Saint Germain d'Auxerre, Saint Hilaire d'Arles, Saint Loup,
Saint Césaire, Saint Avit, Saint Remi, Sainte Geneviè-
ve, Sainte Clotilde, Saint Prosper, Saint Vincent de Lé-
rius, Saint Orient, le Pape Saint Symmaque, tous ces
illustres personnages dévoués à Dieu et aux hommes
exercèrent une influence immense sur les vainqueurs
et les vaincus, par leurs talents, leurs vertus, et les
services qu'ils rendaient à l'humanité souffrante.

Feu M. Guizot, dans *son Histoire de la Civilisation*, relate cette influence salutaire des Evêques, lors de l'invasion desbarbares dans l'empire romain. « Les Evêques, dit ce savant protestant, étaient les chefs naturels des villes; ils administraient le peuple, dans chaque cité ; ils les représentaient auprès des barbares; ils étaient ses magistrats au-dedans, ses protecteurs au-dehors; ils devinrent les conseillers des rois (1). »

On conçoit facilement que cette action incessante et multiple des Saints, de ces hommes extraordinaires, sur les éléments de la société en dissolution dut hâter l'assimilation des diverses races et contribuer à modifier le caractère naturellement insolent des conquérants.

Cependant, les enfants de Clovis ne marchèrent pas dans les voies que Saint Remi leur avait tracées. Dieu les rejeta de devant sa face ; mais il ne retira pas sa miséricorde de dessus le royaume des Francs. Une seconde dynastie fut élevée sur le trône, Dieu s'en mêla (2). Non, Dieu ne retira pas sa miséricorde de la nation franque, dussent ses gouvernants devenir mauvais. Ceux-ci seront alors brisés, comme inutiles et funestes. Et la nation, purifiée dans le malheur, continuera sa grande *mission* et aura des gouvernements plus fidèles à l'esprit de l'Evangile.

Tandis que Rome, impénitente et endurcie dans le mal, avait succombé sous le fer et le feu des Goths, des Vandales et des Huns, que Constantinople ou la ville

(1) *VIII* Leçon.
(2) *Bossuet. Sermon sur l'Unité.*

de Byzance, mère et protectrice des hérésies d'Arius, de Nestorius, d'Eutychès et des Iconoclastes, *s'affaissait sous le dissolvant* des disputes théologiques, sans cesse renaissantes et laissait envahir ses provinces les plus fertiles, la Syrie, l'Egypte, l'Afrique et l'Espagne, par l'islamisme, qui résume toutes les hérésies antérieures, l'Arianisme, le Nestorianisme, l'Eutychéisme qui anéantit les rapports si doux du *fini et de l'infini*, fait revivre le fatalisme et la corruption de l'antique paganisme. Charles Martel, maire du Palais, à la tête des Francs, arrêta près de Poitiers (en 731) cette explosion terrible du droit de la force, aspirant de nouveau à la domination *universelle*; il brisa dans l'Occident le cimeterre de Mahomet, dont le *code* ou le *credo* renferme cette alternative: *Meurs ou crois au prophète*. En reconnaissance de ce signalé service, Pépin-le-Bref, fils de Charles-Martel, fut appelé à la royauté des Francs, par la nation, que des princes incapables gouvernaient ; élévation et changement de dynastie, que le Pape Zacharie consulté approuva (1).

Pépin, roi des Francs, se montra digne de ce titre. Il acheva d'expulser les Sarrasins des Gaules; il favorisa de toutes manières la propagation de l'Evangile en Allemagne par Saint Boniface et ses compagnons; il força les Saxons à recevoir les

(1) On voit par cette consultation, combien le pouvoir du Pape, comme puissance directive des peuples Catholiques, avait passé dans les mœurs. L'Eglise ne destituait ni instituait les princes laïques ; elle répondait seulement aux nations qui la consultaient sur ce qui touche à la conscience.

(*Fénélon.*)

ouvriers évangéliques que l'Eglise leur envoyait ; il protégea l'indépendance du Saint-Siège contre les Grecs et les Lombards.

Dans sa reconnaissance, le Pape Saint-Paul, écrivit à toute la nation des Francs : « Me trouvant impuissant à vous témoigner dignement ma gratitude, je me console dans la pensée qu'il est au Ciel un juste juge qui vous en récompensera ; car, le nom de votre nation est élevé au-dessus des autres nations, et le royaume des Francs brille avec éclat, aux yeux de Dieu, par la gloire de posséder des rois libérateurs de l'Eglise catholique et apostolique. »

Charlemagne, digne fils de Pépin, ayant détruit le royaume des Lombards, délivré l'Eglise et l'Italie de l'oppression des hérétiques, reçut un titre plus auguste encore que celui de roi. C'est en sa personne que s'accomplit la vision prophétique de Saint-Rémi, savoir : L'empire romain sera donné aux rois des Francs.

CHAPITRE V

CRÉATION DU SAINT EMPIRE ROMAIN PAR LE PAPE LÉON III, EN 800. — CARACTÈRES DE CET EMPIRE. — DIFFÉRENCE ESSENTIELLE ENTRE L'ŒUVRE DE LÉON III ET CELLE DES CÉSARS ROMAINS.

Depuis trois siècles, à dater d'Augustule, en 444, l'Empire d'Occident n'existait plus. Il avait fait place

au royaume des Goths, des Francs et des Lombards.
Mais depuis Constantin le premier empereur Catholique, l'influence des successeurs de Saint Pierre
dans l'ordre même temporel était devenue insensiblement prépondérante à Rome, et très grande en
Europe. Dès le berceau du Christianisme, les Papes
étaient en possession d'immenses richesses ; ils
avaient sauvé à plusieurs reprises Rome, du sac
des Barbares et intercédé près des vainqueurs en
faveur des peuples opprimés, principalement de
ceux de l'Italie, que l'empire d'Orient avait abandonnés à leur sort, soit par faiblesse, soit par jalousie.

Le peuple romain, regardait donc les Papes
comme ses sauveurs, ses appuis naturels et reconnaissait en eux, par la nature des choses, outre *le
titre de Pères de la Chrétienté*, des souverains *de
fait*, qui le devinrent *de droit*, lorsque la maison de
Charles-Martel arracha Rome à la convoitise des
Lombards et reconnut la principauté temporelle de
l'indépendance papale.

Car, comme l'Église, avec son chef désarmé, se
trouvait souvent en butte à l'insolence des factieux,
le Pape Léon III voulait avoir une épée dévouée qui
pût au besoin le défendre contre les attaques des
mauvais desseins. C'est pourquoi, ayant consulté
soixante-douze Évêques, il résolut de ressussiter
l'*Empire d'Occident*, mais sur une base catholique
qui exprimat le nouveau droit, introduit dans le
monde par le Christianisme.

Donc, en 800 après Jésus-Christ, le jour de Noel,
le Pape Léon III sacra et proclama, dans la Basili-

que de Saint Pierre à Rome, *Charlemagne empereur d'Occident* au milieu de l'enthousiasme général des Romains et de l'univers Catholique. Voici les différences essentielles entre les deux empires.

Le premier empire Romain, celui d'Auguste, avait été fondé sur la force, sur une *aristocratie* militaire insolente et territoriale; sur *l'esclavage*, sur l'oppression de la plus grande partie du peuple de l'empire, sur *l'Idolâtrie*, *le culte des démons*.

Le second sera établi sur la justice pour tous, sur la défense de l'opprimé, sur la *vraie Religion, sur celle de Jésus-Christ.*

Rome païenne absorbait le *spirituel* et le *temporel*, toutes les forces vives d'un pouvoir tyrannique, sous le nom d'un César ou empereur tel que Tibère, Néron, Domitien, Héliogabale. Rome Chrétienne harmonisa l'Église et l'État, la Religion du Christ et le pouvoir laïque : elle laissera à chaque ordre l'indépendance qui lui est propre ; elle conservera *l'unité* dans la distinction, selon cette belle maxime du Rédempteur : « *Rendez à Dieu ce qui est à Dieu, et à César ce qui est à César* (1) », car Dieu ne veut ni l'*absorption*, ni la *séparation* des deux pouvoirs, *ecclésiastique* et laïque, mais *leur union dans le lien de la charité.* Un instinct matériel, la confiscation de toutes les libertés, l'esclavage du plus grand nombre, animait l'œuvre des Césars. La foi dans le Christ, la moralisation du peuple et la liberté morale des hommes sera l'âme, la vie de l'institution de Léon III.

(1) Matth., XXII, 20.

Le premier empire était souvent mis à l'encan et accordé au plus offrant par un sénat avili et une soldatesque vénale ; le second fondé sur *le sacre* qui garantissait tous les droits divins et humains, procédait de la volonté de Dieu, manifestée par l'élection des princes désignés et le jugement de l'Église.

Le nouvel empire Romain diffère donc de l'ancien, autant que l'esprit l'emporte, sur le corps, le Christianisme, sur le culte des idoles, et le ciel sur la terre.

Certes, l'œuvre du Pape Léon III venait d'une sainte inspiration ; elle était digne du Père de la Chrétienté et du grand cœur de Charlemagne, dont la grandeur pénétra le nom. Elle formait une constitution *politico-religieuse* où tous les chefs et tous les membres de la *confédération* Chrétienne des peuples reconnaissaient dans le Pape un Tribunal suprême pour juger, en dernier ressort, toutes les grandes questions religieuses, politiques et sociales et en faire exécuter la sentence papale, par le bras séculier, par l'épée d'un empereur Catholique. Elle mettait le glaive de la justice au service du spiritualisme le plus pur, et du pouvoir moral le plus grand qui ait jamais existé.

A cette occasion, nous nous permettrons de demander, à tous les Catholiques de bonne foi, non seulement en Allemagne, en Europe, mais dans le monde entier, si le nouvel *empire Allemand* ressemble à l'œuvre de Léon III et de Charlemagne, ou s'il n'est pas plutôt l'image des Césars païens ? S'il est constitué en qualité de protecteur de la véritable Religion et de la civilisation créée par le Christ, ou s'il n'a pas pour symbole, l'étendart des aigles voraces, de l'antique Rome païenne, dans le but de protéger et de propager par les armes en Europe, le *rationalisme*, l'*Evangélisme*, la *Franc-maçonnerie* sur les ruines du Catholicisme et de la vraie Region ?

Que les Catholiques de l'Allemagne nous disent, la main sur la conscience : « nous et notre Religion nous sommes plus libres, depuis la *proclamation de l'unité Allemande*, sous l'*hégémonie prussienne* qu'avant cette unité ! ».

Quoi qu'il en soit, dans l'empire vraiment Chrétien, Charlemagne n'aura pas de successeurs proprement dits. Le St-Empire consacré en sa personne ne sera pas toujours concentré dans le gouvernement d'un empereur Catholique, tel que celui détruit par Napoléon 1er en 1807 ; il subsistera d'une manière ou d'une autre ; car il n'est rien autre chose que l'Europe Chrétienne, laquelle, après mille ans passés, en dépit de tous les obstacles, sent toujours le noble besoin d'employer sa puissance, ses lumières, son or et son sang à la gloire de Dieu, à la propagation de l'Evangile et au profit du soulagement de l'humanité souffrante.

Parmi les peuples Européens, la France, malgré ses révolutions, ses désastres, l'apostasie religieuse d'un grand nombre de ses enfants et même l'impiété de ses gouvernants, reste au dehors, au premier rang pour continuer l'œuvre de Charlemagne, par ses missionnaires, ses religieux, ses religieuses, ses frères, ses aumônes, son or et son sang.

Que le nouvel empire de *Charles-le-Grand* ne fût qu'un bras, qu'un corps organisé, vivant, donné à la vérité et à la justice, l'empereur le comprit parfaitement et le proclama, devant la face des siècles. Il écrivit au frontispice de ses *Capitulaires* ou de ses lois, ces paroles mémorables qui font éclater le rôle de sa mission providentielle : « Notre Seigneur régnant à jamais, moi Charles, par la grâce et la miséricorde de Dieu, roi et recteur du royaume des Francs, dévot défenseur et humble auxiliaire de la sainte Eglise (1) ».

Charlemagne resta fidèle à sa mission ; son génie à la fois, militaire, législateur, administrateur, dirigea son époque, et la domina. Vaillant, savant, guerrier, sans ambition et exemplaire dans sa vie, malgré les reproches des siècles ignorants, ses conquêtes prodigieuses furent la dilatation du règne de Dieu et il se montra très chrétien dans toutes ses œuvres. Jamais règne n'a été si fort, ni si éclairé. Jamais prince n'a été moins guidé par un faux zèle, jamais on n'a mieux su distinguer les bornes des deux pouvoirs.

Le nouvel empire marque la limite à laquelle fut consommée la dissolution de l'ancien monde romain et où commence véritablement la formation de l'Europe moderne et du monde nouveau.

Il fut le vrai Apôtre du Christ, *en Allemagne*, contre les Saxons qu'il dompta et convertit en masse ;

(1) **Bossuet.** — *Sermon sur l'Unité.* — Re**s**nante Domino nostro Jesu Christo in perpetuum, ego Carolus, gratia Dei ejusque misericordia donante, rex et rector regni Francorum et devotus sanctæ Dei Ecclesiæ devotus defensor, humilisque adjutor.

en Espagne contre les Sarrazins qu'il contint et refoula ; *en Italie* contre les factieux, qu'il réduisit à
l'impuissance. Il arrêta les peuples nomades du
Nord, chercha les moyens de les fixer au sol, en les
convertissant au christianisme. Dès lors, ces barbares
formeront eux-mêmes une barrière vivante qui
contiendra d'autres barbares, en les civilisant.

Pour le bien de l'humanité et de la Religion,
Charlemagne acheva de fonder l'indépendance temporelle de l'Eglise Romaine. Il put confirmer et
augmenter les donations qui datent des premiers
siècles du christianisme et celles de ses prédéces-
seurs.

Quoique ses descendants n'eussent pas son génie
ni sa force, néanmoins ils restèrent animés de la
même bonne volonté envers l'Eglise. A leur plus
grande gloire, ainsi qu'à celle de l'Episcopat et du
peuple Français, les Carlovingiens ne favorisèrent
jamais ni une hérésie, ni un schisme, ni le parti
d'un antipape.

CHAPITRE VI

LES EMPEREURS PUREMENT ALLEMANDS ET LES DEUX NAPOLÉONS, EMPEREURS PLUS ITALIENS QUE FRANÇAIS.

Cependant la maison de Charlemagne, affaiblie
par des divisions intestines, ne pouvant plus défendre la Patrie contre les invasions des Normands,

devint également incapable de servir de tutrice
à l'Eglise Romaine. Les Papes furent forcés de jeter
les yeux sur les rois d'Allemagne et d'implorer leur
appui contre les factieux de Rome. Othon, fils de
Sainte Mathilde, après avoir juré sur les saints
Evangiles, qu'il sera le protecteur de l'Eglise, ainsi
que du patrimoine de Saint-Pierre, et après avoir
solennellement garanti les droits du Saint-Siège,
fut proclamé et sacré Empereur, par le Pape Jean
XII, en 962.

Hélas ! les empereurs d'Allemagne, pour leur
propre malheur et celui de leurs peuples, oublièrent
souvent la fin de la dignité impériale ; au lieu de se
borner d'être rois d'Allemagne et les défenseurs, les
auxiliaires-nés de l'Eglise Romaine, selon l'essence
de leur titre : *Rex Germaniæ et defensor Ecclesiæ*,
ils eurent souvent la prétention de vouloir ressusciter l'empire matériel et dominateur de l'ancienne
Rome ; *Urbis et orbis gubernacula tenemus*. Trom-
pés par les suggestions et les flatteries des Juristes,
plus païens que chrétiens, ils caressèrent l'idée de
faire revivre l'arbitraire des Césars païens dont les
caprices pouvaient être autant *de lois, quidquid ei
placuit juris ad instar erit, Cæsar lex viva*. Les
Papes s'opposèrent aux entreprises liberticides des
Césars Allemands, avec un courage invincible.
Leur prudence déjoua constamment leurs artifices.
Leur fermeté brisa toutes leurs violences. Ils main-
tinrent la liberté et l'indépendance de l'Eglise, et
avec elle la liberté et l'indépendance de tous les rois
et des peuples de l'Europe.

C'est là la source et la raison principale de tous

les démêlés **des** Papes avec les empereurs d'Allemagne. Qu'on n'oublie jamais cette vérité historique et l'on n'incriminera pas si légèrement la Papauté, plus digne de notre admiration et reconnaissance que coupable d'ambition. Les luttes de Grégoire VII contre Henri IV, d'Alexandre III contre Frédéric Barberousse, de Grégoire IX et d'Innocent III contre Frédéric II, nous offrent le palpitant spectacle de l'idée chrétienne, aux prises avec le pouvoir impérial, qui prétendait raviver l'idée césarienne de la domination universelle. Le despotisme a toujours été forcé de s'avouer vaincu, devant l'immortelle liberté du Christ. Grégoire VII, Alexandre III, Innocent III, et d'autres Souverains Pontifes, sont donc les bienfaiteurs, non seulement de l'Eglise, mais de l'humanité entière en Europe. qu'ils délivrèrent de la force brutale. Hier Pie VII contre Napoléon Iᵉʳ, et de nos jours Pie IX contre Napoléon III, et le Pape Léon XIII contre Guillaume Iᵉʳ lors du Kulturcampf, et le Pape Léon XIII contre les rois de Sardaigne, ne se montrent-ils pas les dignes successeurs de ceux qui les ont précédés dans la souffrance et la gloire ?

CHAPITRE VII

FORMATION DU POUVOIR CIVIL ET CHRÉTIEN EN EUROPE. — NATURE DE CE POUVOIR

Grâce à l'énergie de la Papauté, l'indépendance des nations et la dignité personnelle ont été main-

tenues en Europe. Sous l'action bienfaisante de
l'Eglise s'est formé peu à peu, en Occident, le pouvoir laïque, chrétien, où l'ordre spirituel et temporel
sont unis, sans être confondus, où chacun existe
avec sa sphère d'action distincte, où le souverain ne
règne pas selon son caprice, *mais par et selon la
loi ;* où l'impôt doit toujours être consenti par la
nation, où le peuple est consulté et donne son consentement pour un changement de dynastie ; où le
chef ne peut opérer aucun démembrement du
royaume, ni changer l'ordre de succession, sans une
consultation spéciale de la nation ; où le sujet conserve, en toutes circonstances, le droit de pétition et
parfois celui de remontrances ; où tous les malheureux, tous les opprimés trouvent sûreté et protection ; où la souveraineté publique réside dans la
nation, présidée et gouvernée par son chef ; où les
lois les plus importantes sont délibérées et votées
par des Assemblées générales (Champs de Mars ou
de Mai, Etats-Généraux, Corps législatifs, Parle-
ments) et sont sanctionnées, promulguées par le monarque ou le président ; où le pouvoir n'est pas juge
dans sa propre cause, mais plaide, pour ce qui le
concerne, dans les tribunaux indépendants qui peuvent le condamner, quand la justice se trouve du
côté du sujet lésé (1).

(1) Le comte de Maistre. — *Considérations sur la France.*

CHAPITRE VIII

AVEC LA COURONNE IMPÉRIALE SORTIE DE LA MAISON
DE CHARLEMAGNE ET DONNÉE A DES PRINCES PURE-
MENT ALLEMANDS, DISPARUT LA DYNASTIE CARLO-
VINGIENNE ET S'ÉLEVA LA DYNASTIE CAPÉTIENNE,
CELLE DE ROBERT-LE-FORT ; MAIS LA FRANCE CON-
SERVA TOUJOURS SA MISSION PROVIDENTIELLE D'ÊTRE
L'APÔTRE ET L'ÉPÉE DU CHRIST ; SON ACTION BIEN-
FAISANTE DURANT LA DYNASTIE CARLOVINGIENNE
ET LA DYNASTIE CAPÉTIENNE.

Après le transfert de la couronne impériale, aux
princes Allemands, la dynastie Carlovingienne disparut en France, et celle de Robert-le-Fort, d'Eudes,
duc de France, fut élevée et sacrée à Noyon, dans
la personne de Hugues-Capet. Le Pape Sylvestre II,
comme deux siècles et demi auparavant, le Pape
Zacharie, approuva la conduite des Francs. Ceux-ci,
ou mieux les Gallo-Romains, quoiqu'ils vissent, avec
quelque regret sortir de leur nation la couronne
impériale, pour entrer dans la nation purement
germaine, conservèrent leur mission d'être les pionniers de la civilisation chrétienne, d'abord en Europe et plus tard, dans le monde entier.

Au douzième siècle (1164), quand le roi d'Angleterre poursuivait sur terre et sur mer *Thomas
Becket*, archevêque de Cantorbéry, et lui refusait
l'*eau* et le *feu*, *Louis le Jeune*, roi de France. malgré

les menaces du monarque Anglais, fit adresser au
prélat fugitif et abandonné de tout le monde ces fières
paroles : « *Allez dire à l'archevêque de Cantorbéry
que le roi de France ne l'abandonne pas. Je ne veux
pas perdre l'ancien droit de ma couronne. Mon
royaume a toujours été en possession de protéger
l'innocence opprimée, et d'être le refuge de ceux qui
souffrent pour la justice.* »

Grâce au concours des Normands, que les Français avaient conquis au christianisme, ils chassèrent
les Sarrazins du midi de l'Italie et y préparèrent le
règne de la famille des Bourbons. Par les mêmes
Normands, ayant à leur tête *Guillaume le Conquérant*, ils implantèrent en Angleterre la langue, les
coutumes, les institutions de la France. L'idiome
français y resta jusqu'à Edouard III, jusqu'au qua-
torzième siècle, la langue de la cour et des tribunaux. Depuis il devint le noble dialecte de l'aristocratie anglaise.

Les barons Français, aidèrent également les
chrétiens d'Espagne et du Portugal, à chasser l'Arabe
de leur pays.

CHAPITRE IX

LES CROISADES FURENT SPÉCIALEMENT UNE ŒUVRE
FRANÇAISE

La grande lutte de la chrétienté contre l'empire
antichrétien de Mahomet, va commencer et elle ne

finira, que par la ruine de celui-ci. Jusqu'ici la Religion du **Christ** a combattu en Europe contre le Judaïsme organisé, dans la synagogue, contre le le paganisme armé de toutes pièces dans l'empire Romain ; elle les a brisés comme institutions politiques et sociales ; elle s'est ensuite heurtée aux hérésies d'Arius, de Nestorius, d'Eutychès, également organisées, dans les gouvernements successifs de Byzance et dans les divers royaumes des Goths, des Burgondes et des premiers barbares envahisseurs ; elle les a encore vaincus, comme institutions politiques.

L'Eglise a trouvé l'empire d'Occident, des Césars Romains en dissolution et les peuples barbares qui l'inondaient, se faisant des guerres d'extermination. Elle les a baptisés et fixés au sol ; elle les a civilisés, pour en former une famille de peuples, divers de langues, de races, de caractères, mais unis par les liens d'une Foi commune. A l'aide des Francs, sortis de la Germanie actuelle et des Gallo-Romains, qu'on le remarque bien, elle a ressuscité l'empire d'Occident, sur une base, non seulement chrétienne mais catholique.

Au onzième siècle, les nations qui composaient le nouvel empire d'Occident Romain, défendues spirituellement par le Pape et matériellement par leur Empereur, suzerain de la chrétienté et leurs chefs respectifs, étaient assez forts, pour n'avoir plus rien à craindre des invasions du Nord et de l'Est. Quoiqu'elles conservassent l'humeur batailleuse de leur ancienne barbarie, elles se trouvaient extérieurement affermies et assurées contre l'ennemi qui oserait les attaquer en Europe. Malheureusement en Asie, cet ennemi souillait de sa présence les *lieux saints* de leur Religion et témoins *de la naissance, de la vie, de la mort de Jésus-Christ* leur Dieu, l'auteur de leur civilisation et de leur espérance immortelle.

Bethléem, Jérusalem, Nazareth, le saint Sépulcre, tous les théâtres et les souvenirs de la charité infinie du Sauveur, étaient au pouvoir des Musulmans.

Les pèlerins ne pouvaient s'en approcher qu'au péril de leur honneur, de leur bourse et de leur vie même. Un cri d'alarme et de détresse vint de l'Orient. L'empereur Alexandre Commène, de Constantinople, trop faible pour se défendre, appela les guerriers d'Occident à son secours. Mais celui qui remua l'Italie, la France, l'Allemagne, ce fut un pauvre enfant français du nom de *Pierre l'Ermite d'Amiens*; il gagna le pape français Urbain II, et ensemble ils prêchèrent la guerre sainte, au Concile de Clermont en 1095, et dans toute la chrétienté. Les paroles enflammées du Pape et de son compatriote Pierre l'Ermite, réveillèrent tous les princes chrétiens. Ils oublièrent leurs longues querelles ; ils fraternisèrent et s'enrôlèrent, avec leurs nombreux vassaux, sous l'étendard du Christ, aux cris mille fois répétés : *Dieu le veut !* Dieu le veut !

Jamais, depuis que le monde existe, on ne vit pareil enthousiasme, dans toutes les couches de la société, et cela pour une cause aussi noble que celle de la Religion chrétienne et de l'affranchissement des frères en Jésus-Christ ; c'était vraiment le cri d'une guerre sainte, au profit de la liberté et de la civilisation.

CHAPITRE X

LES HEUREUX RÉSULTATS DES CROISADES, PRÊCHÉES ET
ACCOMPLIES SOUS L'INFLUENCE DE LA FRANCE. —
LA CROISADE PERMANENTE OU LA CHEVALERIE, ÉGA-
LEMENT CRÉATION DE LA FRANCE CHRÉTIENNE.

Jusqu'alors, l'Evangile ne s'était heurté contre
l'Alcoran, que d'une manière défensive. Charles
Martel, Charlemagne, les princes francs, n'ont fait
que repousser des Gaules, du sud de l'Italie et du
nord de l'Espagne, la formidable invasion des Musulmans. Maintenant, leurs successeurs vont prendre
l'offensive et attaquer l'Islamisme dans ses forteresses en Asie et sur les côtes de l'Afrique. Ces attaques colossales s'appelleront *Croisades.* Ce sera sous
une autre forme le *martyre*, non plus isolé, individuel, subi passivement dans l'intérieur des maisons,
ou dans les *colisées*, les amphithéâtres de Rome
païenne et des grandes cités de l'Univers, mais le
martyre *collectif, armé de pied en cap, subi* avec
une agression et un courage héroïque, dans les plai-
nes de Nicée, d'Antioche, d'Ascalon, de Ptolémée,
dans les défilés du Taurus, aux pieds des murs de
Jérusalem, en Palestine, en Egypte, sur les côtes
d'Afrique, de l'Asie et dans toutes les îles de la Méditerranée, au pouvoir des sectaires fanatiques du
Coran. Pendant plus de trois siècles, des flots de

sang chrétien couleront; des armées entières périront
de faim, de soif et des misères de la captivité, ou
tomberont sous le glaive des Musulmans. Mais, en
définitive, le cimeterre de Mahomet sera brisé par
l'épée des croisés et la puissance ottomane, dans
son organisation politique, se verra réduite à *l'état
de cadavre*; elle ne se soutiendra plus que par la
jalousie des princes chrétiens, en attendant l'heure
providentielle de son partage. L'empire turc restera
le *grand malade*, dont le dernier râle est devenu
un objet de calcul égoïste, pour certaines grandes
puissances de l'Europe.

La charité catholique, surtout celle des enfants de
Saint Vincent de Paul, le zèle des missionnaires, des
Religieux et des Religieuses, le denier de la propagation de la Foi, qui ont leur ardent foyer en France,
achèveront les conquêtes morales de l'épée.

Ils ouvriront de plus en plus les anciens continents,
l'*Asie et l'Afrique*, aux institutions du Christianisme
comme nous le voyons de nos jours.

Ainsi les *croisades*, malgré leurs *échecs apparents*
ont toutes réussi. Leurs succès non immédiats,
mais le résultat final, furent en Orient, la ruine morale et matérielle de l'empire de Mahomet et en Occident, le développement des arts, des sciences,
du commerce, de l'industrie et la découverte de l'imprimerie, celle du nouveau monde et l'élévation de
la civilisation chrétienne à une hauteur inconnue à
l'infidélité païenne et musulmane; jamais plus noble
but n'a été mieux atteint.

Dans cette lutte gigantesque, dans ce travail séculaire, dans cette expansion du Christianisme,

quel peuple prit la part la plus active, la plus géné-
reuse, épuisa ses trésors, versa son sang le plus pur
et se montra vraiment le soldat, le martyr du Christ?

N'est-pas la race franque ?

Le Pape Urbain II, Pierre l'Ermite, Godefroy de
Bouillon, en Lorraine ; Tancrède de sang normand,
Baudouin Ier, Louis VII, Saint Bernard, Foulques,
curé de Neuilly-sur-Marne, Geoffroy, sénéchal du
comté de Champagne, Baudoin de la Flandre, fondateur du royaume Franc de Constantinople, Guy
de Lusignan, fondateur du royaume de Chypre,
Simon de Montfort qui se signala contre les Albi-
geois du Midi, Philippe-Auguste, Saint Louis, le
plus héroïque, le plus juste des rois qui aient porté
couronne, et tant d'autres noms que nous passons
sous silence, n'élevèrent-ils pas la France en Orient
comme en Occident, au premier rang des nations et
ne rendirent pas son nom synonyme de *bracoure et
de loyauté*, en sorte qu'aujourd'hui encore en Orient,
pour caractériser un *européen de bonnes mœurs et
de courage*, on ne l'appelle pas autrement qu'un
franc? Si nous abandonnons le passé pour entrer
dans le présent, de nos jours la Grèce, l'Algérie, la
Tunisie n'ont-elles pas été enlevées à l'Islamisme,
sous l'influence prépondérante de la France Chrétienne ? C'est encore probablement à l'influence
française qu'on signale aujourd'hui en Orient et dans
les Indes, des *rumeurs sourdes et mystérieuses, in-
diquant que cette vieille société est profondément
minée et tremble sur ses bases*, au profit de la
France, protectrice des intérêts catholiques, au

dehors, malgré la défaillance de ses gouvernants (1).

Les Francs, se distinguèrent, non seulement dans les *Croisades*, parmi tous les peuples de l'Europe ; ils eurent un dévouement plus héroïque encore ; ils organisèrent une milice continuellement *dévouée à la mort* et qui sera une *croisade permanente*. Saint Bernard appelle ses *membres* « doux comme des agneaux dans leur rapports avec les fidèles, mais *terribles* comme des *lions contre les ennemis de la Foi* » ils iront, dans leur charité, jusqu'à se livrer eux-mêmes, pour le rachat des Chrétiens captifs. Les chevaliers ou les frères de Saint-Jean-de-Jérusalem, de Rhodes et de Malte, les Aubusson, les Philippe de Villars, les Lavalette, les enfants de Jean de Matha, de Félix de Valois, de Pierre de Nolasque, dans l'Ordre de la Trinité et celui de la Merci, portèrent au plus haut degré l'*héroïsme* des Francs ; c'est au Catholicisme des Francs, qu'après Dieu et la Papauté, le monde civilisé et Chrétien doit sa rédemption et sa liberté. C'est elle qui le racheta, de la servitude païenne, hérétique, musulmane, depuis Clovis jusqu'à nos jours, par son or, son sang, sa charité expansive. De telles œuvres attestent la noble mission de la fille aînée de l'Église : *Gesta Dei per Francos*.

(1) Voir les *Études religieuses* du mois de septembre 1889.

CHAPITRE XI

Si personne ne peut contester la mission bienfai-sante de la France Chrétienne, durant le cours des siècles, néanmoins de nombreuses taches assombris-sent un consolant tableau.

Malheureusement des monarques français déviè-rent de la noble conduite de leurs ancêtres ; ils ou-blièrent le rôle incontestable et providentiel de leurs aînés ; Philippe-le-Bel, Napoléon Iᵉʳ, Napoléon III, même Louis XIV, osèrent attaquer, par ruse et par violence même, le *chef de l'Église*, et chaque fois, la nation complice des attentats sacrilèges de ses souverains, subit des désastres inouïs.

L'Angleterre, l'Allemagne, la Russie, les coali-tions de l'Europe, seront les instruments de la ven-geance d'en haut, mais après le châtiment et l'expia-tion, la miséricorde divine releva la France mal-heureuse, et lui envoya des secours extraordinaires, Jeanne d'Arc, la Ligue, Louis XVIII, en arrêtèrent le démembrement, et la sauvèrent, afin qu'elle pût continuer sa noble mission, à travers les peuples.

Aujourd'hui, dans les malheurs affreux qui nous accablent, et dans la crise sociale et Religieuse où le pays se trouve, quel sera son sauveur? C'est le *secret de Dieu.*

Mais nous avons la douce confiance et la profonde conviction que les cœurs de Jésus et de Marie, auxquels le royaume de Clovis, de Charlemagne, de Saint Louis, de Jeanne d'Arc est consacré par la *nation pénitente* et *dévouée*, comme l'atteste le monument superbe et magnifique qui s'achève sur les buttes de Montmartre, berceau de la Foi des Parisiens et théâtre du martyre de Saint Denis, l'Aréopagiste, premier Évêque de la capitale de la France, la relèveront, avec éclat, de ses humiliations passagères ; nous espérons donc fermement que, grâce à la *miséricorde* d'en haut, à la prière de ses Saints protecteurs, au nom de son passé et de son présent, son épée Chrétienne, momentanément brisée, lui sera rendue ; que la nation, purifiée dans ses malheurs, malgré la défaillance de son gouvernement et d'un grand nombre de ses enfants apostats de l'ordre moral, sera replacée au premier rang, dans le concert des peuples européens, et qu'elle effacera la honte qui pèse sur sa conscience, par la cession de l'*Alsace-Lorraine.* Car, comme s'exprime Léon XIII « la cause de l'Église et celle de la France sont intimement unies. »

« En tout temps dit le Pape régnant glorieusement, la Providence s'est plu à confier à la France la défense de l'Eglise et quand elle la voyait s'acquitter fidèlement de cette noble mission, elle ne tarda pas à la récompenser par une augmentation de gloire et de prospérité : Ah ! nous ici nous demandons au ciel avec instance, que la France d'aujourd'hui soit digne de la France du passé. Puisse-t-elle rester *fidèle* aux pures traditions de son histoire ! Ce serait le moyen pour elle de travailler à sa vraie grandeur (1). »

Les paroles de Léon XIII ne sont-elles pas le résumé de ce que nous venons de dire ? Le Souverain Pontife, répéta la même pensée à Mgr l'évêque de Nantes :

« La France ne périra pas, dit l'intelligent Pape, parce que, dans les desseins providentiels, elle est appelée à vivre, comme l'Eglise et à côté de l'Eglise, pour la soutenir dans ses détresses, et la protéger dans ses dangers. Cette vocation lui garantit d'immortelles destinées (2). »

Le Souverain Pontife n'est-il pas encore, dans son langage, l'écho prophétique, de Saint-Remi et de Bossuet, le plus profond génie des temps modernes ?

---

(1) *Léon XIII, aux patrons industriels et aux pèlerins Français, le 4 mars 1883.*

(2) *Paroles de Léon XIII à Mgr de Nantes, à l'occasion de son jubilé sacerdotal.*

DEUXIÈME PARTIE

L'AFFRANCHISSEMENT OU LA DÉLIVRANCE DE L'ALSACE-LORRAINE EST UNE QUESTION DE JUSTICE, POUR LA FRANCE, L'ALLEMAGNE, L'EUROPE ET LE MONDE CIVILISÉ.

CHAPITRE PREMIER

DÉFINITION DE LA PATRIE. — UNION DU VRAI PATRIO-
TISME ET DE LA RELIGION. — LES BIENS QUE LA
PATRIE DOIT ASSURER A TOUS SES MEMBRES.

L'homme est, éminemment, un être sociable. En
naissant, il appartient *à une famille*, *à une Patrie*, *à
une Religion*. Dans les vues de la Providence, ces
trois institutions doivent élever et protéger le roi de
la création, afin qu'il puisse atteindre à ses hautes
destinées. Une agglomération de familles forme la
cité et la Patrie. L'idée seule de Patrie, que de souvenirs ne réveille-t-elle pas dans un cœur bien né !

C'est *le berceau* de notre naissance temporelle et spirituelle ; c'est là qu'initiés aux éléments et principes de la Religion de nos pères, nous avons eu le bonheur de faire notre première communion ; c'est *le théâtre* des jeux de notre enfance, de nos luttes, de nos souffrances, de nos joies, ou privées ou collectives ; c'est *le foyer* de nos intérêts, *le lieu* de nos affections les plus vives ; *l'asile sacré* de nos parents, pères et mères, frères et sœurs ; *le repos* espéré de notre vieillesse et de nos cendres, bref, c'est *le souvenir* du tombeau de nos ancêtres, celui de notre *propre berceau* et de notre *tombe future.* A ces titres multiples, la *Patrie* est un mot magique, qui remue toutes les fibres de l'âme ; mais, qu'on le remarque bien ! le vrai patriotisme est enté sur la Religion ; il en tire sa sève, sa fécondité. La confiance en Dieu et la fidélité à ses lois entretiennent le sacrifice de la vie et le dévouement héroïque à nos compatriotes et à nos semblables. Aussi, chez tous les peuples civilisés et même barbares, a-t-on toujours uni les sentiments religieux, à l'explosion du patriotisme. Jeanne d'Arc avait raison de dire au roi d'Angleterre, en lui écrivant par ses secrétaires : « *Vous ne tiendrez pas le royaume de France ; c'est le royaume de Dieu, le roi du ciel, Fils de la Vierge Marie.* » Dans une autre lettre, la jeune bergère de Domremy avait dit : « Le royaume des Francs n'appartient pas à Charles VII, mais spécialement à Jésus-Christ. »

Or toute Patrie doit posséder une force organisée, pour garantir à toutes les familles et à tous les membres qui la composent :

La sûreté des personnes ; la conservation de l'honneur et le respect de la propriété.

La liberté de la conscience, celle de la vraie Religion.

En retour, les citoyens doivent à leur Patrie, l'*impôt du sang* et de l'*argent*, en vue de concourir à sa défense, ainsi que l'*obéissance* aux lois *justes*, c'est-à-dire à celles qui ne sont pas contraires aux lois *divines*.

Tous les membres de la Patrie formeront un corps moral, se regarderont comme frères et sœurs ; l'esprit de *solidarité, de justice et d'amour* est l'âme de toute Patrie, laquelle n'est, dans son vrai sens, que l'*extension de la famille* créée par Dieu lui-même ou mieux la Patrie n'est qu'une grande famille. L'Auteur et le Protecteur de toutes les institutions sociales a gravé dans le cœur de l'homme, l'amour de la famille, par conséquent celui de la Patrie est inné en nous.

Le Sauveur lui même nous donne, dans l'Évangile, l'exemple de toutes les vertus, même civiques: 1º en opérant à Capharnaüm un miracle par l'intermédiaire de Saint-Pierre, afin de pouvoir payer pour lui et son Apôtre leurs contributions, aux agents du fisc de la Synagogue (1) ; 2º en versant des larmes amères sur sa provisoire Patrie, impénitente et endurcie, lors de sa dernière entrée triomphale à Jérusalem, et en lui annonçant sa ruine prochaine, à raison de son impénitence et de l'abus de tant de grâces (2). Car Notre Seigneur, en se montrant cons-

(1) Matth. XVII, 23.
(2) Luc. XIX, 43.

tamment excellent patriote n'a jamais voulu démentir la sentence proclamée par le Créateur lui-même et éternellement vraie. « La justice, la fidélité aux ordonnances du Très-haut, *élèvent, maintiennent les nations*; *l'iniquité* rend les *peuples malheureux* (1). »

Le conseil municipal de Nancy, dans sa délibération du 15 février 1873, qu'il fit parvenir au Gouvernement de Versailles, à l'occasion de la répartition des indemnités de la guerre, fait parfaitement ressortir l'*esprit de solidarité et de justice* qui lient les enfants d'un même pays, par des considérations irréfutables.

Nous renvoyons nos lecteurs, à cet important document, trop long pour être ici rapporté. Une nation doit donc, avant tout, la *justice* à ses membres. Or, cette justice consiste spécialement *à tenir les promesses solennelles qu'elle leur a faites.* La France, à plusieurs reprises, déclara solennellement, a la face de tous ses enfants, à celle de l'Europe et du monde entier, « qu'elle forme une *République, une indivisible* et qu'elle ne permettra jamais *la séparation d'une province* (2). »

Conformément à cette maxime qui a toujours été *un principe constitutionnel de la Monarchie française* qu'on ne l'oublie pas et suivie par tous les rois de notre histoire nationale et qui constate la solidarité de tous les membres de la même Patrie, après la nouvelle désastreuse de la bataille de Reichshoffen, le Corps législatif, à Paris, s'est levé spontanément tout entier, dans une de ses séances du mois d'août

(1) *Prov.*, XIV.
2) Corps législatif 1870.

1870, pour affirmer *l'intégrité du territoire et la conservation de Strasbourg, le boulevard nécessaire à notre indépendance.*

Cette solennelle protestation des pouvoirs publics, fut souvent renouvelée durant le cours de la guerre. Tout le monde connaît *la fameuse devise du gouvernement de la défense nationale* : « ni un pouce du territoire ni une pierre de nos forteresses. »

On connaît encore dans la capitale, *la statue coulée en bronze de Strasbourg, couverte d'un voile et de fleurs.*

Si, malheureusement, les événements ont donné un démenti, à la manifestation éclatante du patriotisme national, ce ne fut là qu'une surprise imputable à la nation elle-même, qui s'était trop désintéressée des affaires et se montrait trop indifférente aux choses militaires.

On ne commence pas la guerre avec une armée de 280,000 hommes contre une nation armée, outillée qui présentait (2,000,000) deux millions de guerriers exercés, sur les champs de batailles, avec des généraux habiles et expérimentés.

Ici le proverbe allemand se vérifie à la lettre « La mort est inévitable pour un pauvre lièvre environné d'une meute de chiens affamés. »

Sous les coups des désastres inouïs dans l'histoire, et à notre point de vue mérités et envoyés par la justice *divine*, à raison de la politique tortueuse, hypocrite, impie, en Italie et à Rome, de la part de Napoléon III, dont la France même, dans la majorité de ses représentants, était complice, la Patrie subit et ne sanctionna pas qu'on le remarque bien, *l'amputation* de deux provinces, aujourd'hui plus que jamais nécessaires à l'indépendance, à l'honneur, et à l'esprit de justice, et de solidarité de la nation.

C'est pourquoi, les traités de paix de Versailles, de Bordeaux, de Francfort, si honteux, si humiliants peuvent-ils être autre chose qu'une trêve à courte échéance ?

Ne sont-ils pas contraires à tous les droits historiques, nationaux de la France, et à toutes les traditions de notre monarchie ?

N'est-ce pas un autre *ultimatum* qu'on ne l'oublie pas, posé à la France, pour la forcer à de nouvelles guerres, aujourd'hui si meurtrières ? Ne sont-ils pas, en quelque sorte, un *défi* fait au monde entier, au nom de la force et de la violence ?

CHAPITRE II

LES PREUVES QUE LA FRANCE N'A JAMAIS PERMIS L'AMPUTATION D'UNE DE SES PROVINCES, SANS UNE CONSULTATION EXPRESSE ET SPÉCIALE DE LA NATION, ET QUE, DANS LA CESSION DE L'ALSACE-LORRAINE, ELLE N'A PAS SUIVI CETTE JURISPRUDENCE NATIONALE ET HISTORIQUE.

Le roi Jean II, pris par les Anglais à la bataille de Poitiers, ayant fait avec les vainqueurs un traité trop honteux, ne fut-il pas désavoué par la nation, et par le Dauphin, fils du monarque captif ?

Sans doute le traité de Brétigny en 1360, après de nouveaux désastres, fut conclu sous Charles V.

Mais le connétable Duguesclin ne tarda pas à effacer les clauses désastreuses ; le traité de Troyes en 1420 qui, grâce à Isabelle de Bavière, faisait passer la couronne de France à un anglais, ne fut-il pas repoussé par la nation et vengé par la merveilleuse mission de Jeanne d'Arc, sous Charles VII en 1429 ?

Le traité de Madrid en 1526, où François Ier prisonnier de Charles-Quint, cédait la Bourgogne, ce traité ne fut-il pas encore annulé par la nation, parce que les députés de la Bourgogne déclarèrent, dans l'Assemblée de Cognac, que le roi n'avait pas le *droit d'aliéner* une *province* du *royaume*, dont il avait juré, au sacre de maintenir l'intégrité ?

C'est pourquoi, un des principes de la monarchie française fut : *qu'aucun souverain ne pouvait en céder une province*, sans consulter spécialement la nation pour cette cession.

En cédant à Versailles, à Bordeaux, à Francfort, l'*Alsace et la Lorraine*, la France a-t-elle spécialement consulté la nation, sur le droit et la jurisprudence de l'histoire nationale ?

Nous répondrons : *non, mille fois non.* On nous répond pour la justification : La *nécessité impérieuse ne connaît* pas *d'autre loi que celle du salut commun.*

« Elle nous a forcés à cette double amputation ! *Salus populi suprema lex esto.*

« La prolongation de la guerre, amenait la ruine entière du pays ». Bien des esprits doutent qu'on eût fait les efforts suprêmes, pour éviter ce cruel déchirement de la Patrie.

Le général Chanzy avec son armée avait ce doute honorable ; car voici ce que nous écrit un militaire de grande valeur : « *Au moment de l'amnistie*, nous avions encore près de 500,000 hommes à opposer à l'ennemi plus fatigué que nous de la guerre ».

CHAPITRE III

PROTESTATION DE L'ESTIMABLE M. TEUTSCH, DÉPUTÉ ALSACIEN, AU NOM DE TOUS SES COLLÈGUES. — LA PROTESTATION DE L'ESTIMABLE M. TEUTSCH, DÉPUTÉ ALSACIEN, EST PARFAITEMENT JUSTE ET CONFORME A L'HISTOIRE NATIONALE.

« Au nom des Alsaciens-Lorrains, vendus par le traité de Frncfort, nous protestons contre l'abus de la force, dont notre pays est victime.

« Les députés d'Alsace-Lorraine au Reichstag en Février 1874. »

Nous donnons ici en abrégé les arguments sur lesquels le courageux député, appuya cette protestation collective.

« Si, dans des temps barbares et ignorants on a pu appliquer le droit de la conquête à un peuple sauvage, rien de pareil ne peut être apposé à l'*Alsace-Lorraine*, dont les habitants sont animés d'un grand sentiment de justice et comptent parmi les meilleurs

de l'Europe. Ils ne veulent pas être vendus, comme
une marchandise.

« Arrivés à la fin du XIXe siècle, nos Codes nous
disent qu'un *contrat n'est valable* qu'avec le consentement des parties contractantes. Or, non seulement nous n'avons pas même été consultés, loin
d'y avoir donné notre consentement.

« La violence rend nul, le traité malgré les souri-
res, le dédain de certains hommes, plus politiques
que sincères. Pour nous annexer, on a invoqué plusieurs prétextes.

« 1o Le lien d'anciens membres de la famille germaine. Dès l'origine de la formation de la monarchie franque, par Clovis, nous avons appartenu à
la France.

« Si plus tard avec les empereurs allemands vers
980, nous avons fait partie de l'empire allemand,
c'est à titre d'*hommes libres*, vivant dans des *Villes
libres*, et depuis 1552 nous sommes retournés à la
France notre vraie et ancienne Patrie.

« 2o Le *besoin* ou la *nécessité* de la défense du nouvel empire, contre l'agression française ; mais l'Allemagne victorieuse pouvait démanteler toutes les
forteresses en-Alsace-Lorraine et imposer le désarmement en Europe, sans mutiler le territoire français.

La réclamation de la justice ne trouva pas d'écho,
dans le parlement allemand et le monde civilisé se
trouve actuellement dans une situation lamentable
et précaire.

Ce que ne pouvait savoir l'honorable M. Teutsch
en 1874 est devenu un *fait public, scandaleux*, par

la révélation des journaux allemands eux-mêmes ; c'est que le traité si honteux de Francfort, repose tout entier *sur un faux diplomatique* et par conséquent reste *nul de plein droit*, comme nous le dirons un peu plus loin.

Nous admettons même que nous fussions, comme Samson, pris, rasés, enchaînés, entre les mains des nouveaux Philistins, nos vainqueurs. Aujourd'hui nos cheveux n'ont-il pas repoussé? l'armée française n'est-elle pas réorganisée et mise sur un pied formidable ?

De plus, n'est il pas admis, surtout dans ce temps si troublé, que les traités d'une *guerre injuste* ne sont pas obligatoires en conscience ?

Or une guerre est évidemment injuste, non pour la puissance qui la déclare, mais pour celle qui la *rend nécessaire* par ses empiétements sur ses voisins. N'est-ce pas le cas de la Prusse en 1870 ?

En voici les preuves incontestables et fournies par la presse allemande. Le journal de feu Frédéric-Guillaume, empereur, publié il y a peu de temps après sa mort « affirme que le 14 juillet, quatre jours avant la déclaration de la guerre qui eut lieu le 18 juillet 1870, le prince de Bismarck regardait la paix comme assurée et voulait retourner à Varzin ». Dans son rapport sur la politique de ce journal, *M. de Bismarck* proteste contre cette assertion, disant « *qu'à cette date on savait déjà que je regardais la guerre comme nécessaire, et que je n'avais aucun doute à cet égard.* »

Certes, le prince de Bismarck le savait, puisque *c'est lui-même*, qui de concert avec ses complices

avait fabriqué la dépêche mensongère d'Ems, cause
de la guerre en 1870. En effet, il ressort des mémoires du général de Roon, ministre Prussien de la
guerre en 1870, que la fameuse dépêche d'Ems,
cause de la guerre, *fut fabriquée de toutes pièces,
au conseil des ministres* à Berlin, et n'avait jamais
été envoyée.

Donc le vrai motif de la guerre, en 1870, fut non
seulement *un mensonge*, mais *une sanglante calomnie*, digne de la malédiction de Dieu et des
hommes.

Un journal, publié peu de temps après la guerre,
ayant inséré un article intitulé : *Crime sans nom*, dans
lequel un député allemand accusait le prince de Bismarck, d'avoir fabriqué la *dépêche d'Ems*, pour
forcer la France à déclarer la guerre, fut condamné de ce chef à 360 marks d'amende.

Actuellement les amis de M. de Bismarck et le
prince lui-même, loin de démentir la récente révélation et cette allégation capitale, émanée d'une source
ultrà conservatrice, de la *Deutsche Revue*, répon-
dent en suivant le principe païen : *Beati possiden-
tes ; heureux les possesseurs* des biens d'autrui ! Ils
osent même proclamer que tout allemand *serait
malheureux* d'accuser le prince de Bismarck d'avoir
fabriqué un *mensonge* qui produisit des *résultats
aussi heureux pour l'Allemagne* ; ce qui veut dire:
*la fin justifie les moyens. Le succès, voilà la loi et
les prophètes. La force prime, ou mieux, supprime
le droit. Tout est permis à celui qui réussit à
s'emparer du bien d'autrui.*

Devant des révélations aussi précises, aussi ma-

nisfestes, nous nous permettons de demander à l'Allemagne honnête et vraiment chrétienne, si les larmes de tant de familles qui ont perdu plusieurs de
leurs membres dans cette funeste guerre de 1870 ;
si le million de cadavres d'hommes immolés de part
et d'autre ; si les désastres, les misères de toutes
sortes ; si les pierres des remparts ; si la France ra-
vagée, si les cinq milliards injustements enlevés,
ainsi que l'*Alsace-Lorraine* ne crient pas vengeance
devant la justice du Très-Haut ?

Car, malgré le sarcasme, le principe Catholique
reste vrai. La restitution possible du *bien volé*, est
nécessaire pour obtenir le pardon des péchés ; *non
remittitur peccatum, nisi restituatur ablatum.*
Peu importe que le vol soit privé ou collectif.

En effet, que penser d'une bande de brigands,
lesquels armés jusqu'aux dents, se jetteraient à l'improviste, sur la propriété d'un riche, pris au dépour-
vu, le dépouilleraient complète ment, lui enlèveraient
ses armes défensives, ses trésors, occuperaient ses
domaines et, loin de reconnaître leurs torts, procla-
meraient au contraire *criminels*, tous ceux qui ne se
croiraient pas heureux, devant de pareils résultats ?

Un pareil langage dans la bouche d'un Chrétien
quelconque et même d'un bandit, ne serait-il pas un
défi porté à la sainteté du droit de la propriété ? ne
forcerait-il pas tous les honnètes gens, à se coaliser
et à détruire le nid de tels détrousseurs, afin de rassurer la tranquillité publique ?

Sans être un prophète inspiré, au nom de l'histoire et de la Providence vengeresse de l'injustice,
nous osons déclarer, devant le monde civilisé « que

si l'Allemangne ne cherche pas les moyens de réparer ses torts si désastreux pour la Patrie française,
dans un avenir plus ou moins prochain, elle sera
punie, d'une manière épouvantable. »

Les larmes et le sang versé dans la dernière guerre
comme dans celle qui se prépare, seront *une pluie
de feu.*

Chaque pouce de terre arraché à la France mutilée, se changera en charbon ardent, qui brûlera les
mains et les entrailles des guerriers allemands il
fera voler en éclats leur nouvel empire, assis sur
la rapine et l'injustice, et vérifiera l'éternelle maxime,
« *la justice élève les nations, et les crimes rendent
les peuples malheureux.* »

De plus, nous nous permettrons de poser une
petite leçon de catéchisme universellement enseigné, dans le monde Chrétien; les expressions peuvent
varier, mais la substance des choses reste partout
la même.

Le septième commandement de Dieu.

*Bien d'autrui tu ne prendras, ni retiendras à
ton escient.*

D. *Qu'est que Dieu nous défend par le septième
commandement ?*

R. Dieu nous défend par son septième commandement de faire tort au prochain dans ses biens.

D. *Quand fait-on tort au prochain dans ses biens?*

R. On fait tort au prochain dans ses biens, quand
on prend ou qu'on retient injustement ce qui lui ap--
tient.

D. *Comment peut-on prendre ou retenir injustement les biens du prochain?*

R. On peut prendre ou retenir injustement les biens du prochain, sans son consentement *par la violence et la ruse.*

D. *A quoi sont obligés ceux qui ont fait tort au prochain dans ses biens ?*

R. Ceux qui ont fait tort au prochain dans ses biens, soit les instigateurs, les complices, *sont obligés de rendre ce qu'ils ont pris ou retenu et de réparer les dommages qu'ils ont causés.*

Chrétiens du monde entier, entendez la leçon de votre catéchisme, relativement à la question qui nous occupe.

En 1870 la France, vaincue, mutilée, prise comme dans un traquenard, parce qu'elle n'était nullement préparée *à la guerre* et *innocente victime* de la falsification publiquement reconnue d'une dépêche datée d'Ems : falsification faite à Berlin et œuvre intentionnelle de M. de Bismarck et de son conseil, pour forcer le gouvernement Français à déclarer la guerre, parce que la Prusse et l'Allemagne étaient depuis longtemps prêtes et armées jusqu'aux dents et savaient que la France ne l'était pas. Aussi nous osons tirer la conclusion de la révélation de l'œuvre diplomatique et si honteuse du prince de Bismarck.

« Le mensonge, la calomnie, la fraude, la violence peuvent-ils créer des principes et des liens qui enchaînent la conscience des individus et des peuples ?»

« La France n'est-elle pas en droit (ce qu'elle ne fera jamais) de fondre à l'improviste sur les Allemands et les jeter hors de l'*Alsace-Lorraine,* captive, sans déclaration aucune de guerre et reprendre son bien. *Res clamat Domino?*

Selon notre profonde conviction, le premier ministre de l'Angleterre, Salisbury, qui vient de proclamer, dans un discours politique (juillet 1891) qu'il regarde comme ennemis et perturbateurs de l'ordre établi en Europe, ceux qui n'admettent pas l'*état territorial actuel* ; par conséquent il défendra les armes à la main les *Italiens*, ceux qui ont dépouillé le Pape, de ses États temporels garantis de sa suprématie spirituelle et les *Français* qui voudraient le retour de l'Alsace-Lorraine à la France, s'est mis, par ses solennelles déclarations, au ban de l'Europe civilisée. En mettant en pratique son programme, il s'attirerait comme à sa Patrie la colère du Ciel et l'épée vengeresse du droit imprescriptible.

Ainsi, c'est la Prusse qui voulait la guerre, dès le 14 juillet et même auparavant, parce qu'elle savait que nous n'étions nullement préparés. Comme elle voulait la guerre en 1875 et en 1887, si elle n'avait pas redouté le *veto de la Russie* ; elle nous prit, en 1870, comme dans un traquenard. S'il nous reste encore quelques doutes là-dessus, ne peut-on pas ici faire l'application de ces mémorables paroles du doux Fénelon adressées à la conscience de Louis XIV (1):

« Les traités de paix ne sont pas signés librement par les vaincus; on signe le couteau sous la gorge ; on signe malgré soi, pour éviter de plus grandes pertes ; on signe comme quand on donne sa bourse et qu'il faut la donner ou mourir (1) ».

(1) Fénélon. — Lettre à Louis XIV.

CHAPITRE IV

A TOUT PRIX LA FRANCE EST OBLIGÉE D'AFFRANCHIR
L'ALSACE-LORRAINE, A RAISON DES TRISTES CONSÉ-
QUENCES DE L'ANNEXION DE CES DEUX PROVINCES,
TOUJOURS SI PATRIOTES.

Tout le monde avouera que l'*Alsace et la Lorraine* sont les *innocentes victimes* d'une *politique
faussée* et la rançon de la majorité de la nation
complice d'un gouvernement insensé, et peu scrupuleux. Ces deux provinces ne ressemblent-elles pas
au bouc émissaire d'Israël, sur lesquelles toutes les
autres parties du royaume déchargèrent leurs iniquités et se rachetèrent, en lâchant l'innocente bête
dans le désert et dans l'inconnu ? A ce seul point de
vue, la France ne leur doit-elle pas la rédemption,
la délivrance par tout moyen possible ? Car au mépris de tout droit, de toute justice, ces deux provinces n'ont-elles pas été violemment retranchées de la
mère Patrie et incorporées dans un empire étranger,
contre tous les intérêts politiques, religieux et économiques, non seulement de la France, de l'Allemagne, mais de ceux de l'Europe et même du
monde civilisé ?

Si la France ne fait pas des efforts suprêmes pour
les arracher à leur état lamentable et pour sortir de

la crise universelle qui compromet tous les intérêts
économiques, et qui n'ont pas de lendemain assuré,
l'*esprit de solidarité* n'existe plus, la *Patrie n'est
qu'un vain mot, qu'une duperie, qu'une folie.* La
sécession et la révolte sont permises. On peut crier
à tous les vents du ciel: *Finis Galliæ, que la France
périsse! Elle n'a plus assez de force ni d'énergie
pour délivrer ses enfants qu'elle abandonna,
dans le but de se racheter elle-même. L'égoïsme la
rend impuissante à dégager son gage, à remplir
ses promesses solennelles et sa mission historique
et nationale ; son existence n'a plus de raison
d'être ? Qu'elle périsse donc, et qu'elle laisse sa
place à une autre puissance plus digne et plus
fidele à correspondre aux desseins du Dieu de
miséricorde!*

Loin de nous, de demander la guerre, ce terrible
fléau, ainsi que nous l'avons dit au commencement,
mais, si la guerre reste inévitable et le dernier mot
de l'armement continuel de l'Europe, il est toujours
permis de choisir entre deux maux nécessaires le
moindre; si donc dans un avenir plus ou moins prochain, la guerre doit éclater, qu'elle vienne le plus tôt
possible ; elle sera dans l'état présent des esprits *un
moindre mal*, que les batailles futures, mieux pré-
parées et par conséquent plus sanglantes et plus
destructives. La France, à tout point de vue, doit
l'accepter et la soutenir ; c'est pour elle un devoir
impérieux.

CHAPITRE V

(*Suite*).

TRISTES CONSÉQUENCES DE L'ANNEXION A L'ALLE-MAGNE DE L'ALSACE-LORRAINE

Depuis deux siècles passés l'*Alsace* et la *Lorraine*, confiantes dans le génie de la France, ont partagé sa bonne et sa mauvaise fortune, sur tous les champs de batailles du globe, sur terre et sur mer, en Allemagne, en Italie, en Egypte, en Turquie, en Russie, en Espagne, en Afrique, en Amérique, en Algérie, en Tunisie, en Chine, à l'Extrême-Orient, sur toutes les plages des anciens et des nouveaux continents ; leurs enfants nés militaires, plus que ceux des autres provinces de la France, ont versé leur sang et soutenu l'honneur national. Ils ont fourni leur contingent en grands capitaines, les Kellermann, les Kléber, les Rapp et tant d'autres noms, ne furent-ils pas la gloire de l'armée française ? En tout temps, ces deux malheureuses provinces, ont supporté les charges des invasions étrangères.

Par suite de la cession de ces contrées à l'Allemagne en 1871, que de familles, à l'effet de conserver leur nationalité et l'avenir de leurs enfants, ont quitté forcément le sol natal, leurs maisons, leurs biens, une position facile et aisée et courent maintenant les chances de l'inconnu ! Quant à celles qui ne peuvent s'expatrier, que de jeunes gens, fuyant le militarisme allemand et ne voulant pas, dans une nouvelle guerre, tirer l'épée contre leurs propres compatriotes, ont abandonné le foyer domestique et pris le chemin de l'exil, qui en Suisse, qui en Amérique, qui en France, qui en Algérie, qui au Tonkin dans des légions étrangères ! Dans les gémissements de leurs cœurs, ils laissent entendre les accents de notre immortel poète :

O rives de l'Alsace-Lorraine !
O champs aimés des cieux,
Monts sacrés, fertiles vallées,
Par cent miracles signalées.

Les pères et mères désolés pleurent maintenant l'absence de ceux qui devraient être naturellement les coopérateurs de leurs travaux, les soutiens de leur vieillesse, les consolateurs de leur mort.

Dans presque toutes les familles des pays annexés règnent le deuil et la désolation. Par suite de l'*état de siège* qui continue de peser sur les provinces du nouvel empire, *la presse catholique ne peut avoir d'organe indépendant.*

Les *établissements libres* d'instruction secondaire et même primaire sont remplacés par des gymnases qui sont peu fréquentés et n'ont pas la confiance des habitants indigènes.

Les missions, l'enseignement religieux, sous une forme accentuée par les pères Jésuites, par les Dominicains, par les pères Liguoriens et même par des prêtres séculiers de France restent proscrits.

La nécessité des passeports, coupe presque toutes

les communications mutuelles avec la France, et les relations internationales deviennent presque impossibles (1).

M. Pascal Laurent vient même de prouver, dans son livre (*Metz sous le joug prussien*), que cette nouvelle mesure, vexatoire au dernier degré, de l'empire allemand est contraire aux articles II et XI du traité de Francfort et a pour but direct de forcer les optants à vendre leurs biens à vils prix, en rendant leurs exploitations presque impossibles dans le pays annexé. Mais, supposé que la France pût oublier, à l'égard de l'Alsace-Lorraine, sa mission providentielle, sa propre histoire, tout sentiment d'*honneur*, de *justice*, de *solidarité*, sans lequel il n'est point de vraie *Patrie*, la nécessité de défendre sa propre existence et la tranquillité européenne, lui permetteront-elle de rester les bras croisés ?

(1) Au moment de l'impression du présent travail, nous apprenons qu'à dater du 1er octobre, les passeports sont abolis ; mais, qu'on ne l'oublie pas, c'est uniquement au profit des allemands émigrés en Alsace-Lorraine, et non dans l'intérêt des Alsaciens-Lorrains, qui resteront des parias et des esclaves.

TROISIÈME PARTIE

LA DÉLIVRANCE DE L'ALSACE-LORRAINE S'IMPOSE A LA FRANCE, A L'ALLEMAGNE, A L'EUROPE, COMME UNE QUESTION DE VIE, D'EXISTENCE, ET AU MONDE CIVILISÉ, COMME UNE QUESTION D'ÉQUILIBRE ET DE TRANQUILLITÉ PUBLIQUE.

CHAPITRE PREMIER

UNE NATION NE JOUIT DE LA PAIX, DE CE PREMIER BESOIN DE L'HOMME, D'UN PEUPLE ET DE TOUTE SOCIÉTÉ RÉGULIÈRE, QU'AUTANT QU'ELLE EST RASSURÉE CONTRE TOUT DANGER INTÉRIEUR ET EXTÉRIEUR.

A cet effet, il faut avoir :
L'apaisement des esprits ;
La tranquillité du lendemain ;
La sécurité des frontières ;
Le désarmement d'un voisin toujours menaçant.

Or ces **quatre** choses nécessaires existent-elles,
dans l'état actuel de l'Europe?

*L'acons-nous, l'apaisement des esprits? Nous
répondrons: non, mille fois non.*

Tant que l'*Alsace-Lorraine* sera au pouvoir de
l'Allemagne actuelle, ni la France, ni l'Europe, ni
le monde civilisé, ne seront tranquilles ; qu'on ne se
berce pas d'illusions là-dessus ! Les *Alsaciens et
les Lorrains*, dispersés aux quatre vents du ciel,
surtout dans les grands centres de la mère-Patrie,
et mêlés, soit aux armées, soit aux ateliers, soit aux
classes ouvrières, industrielles, entretiendront une
agitation permanente contre l'ordre de choses exis-
tant ; ils seront plus qu'une Vénétie, plus qu'une
Irlande, plus qu'une Pologne en mouvement ; ils
seront semblables aux vents, renfermés dans les
antres d'Ecle. Aucun dieu terrestre ne pourra
empêcher tôt ou tard leur déchaînement. Ils deman-
deront à la France, à leur ancienne Patrie, la pitié,
l'honneur, la justice, l'accomplissement des solennelles promesses ; bref, la *délivrance.* Leurs cris
incessants seront pour les *uns* un *remords,* pour
d'*autres,* un *prétexte,* pour tous un *stimulant,* le
réveil du devoir ; aucun cœur français et patriote,
ne pourra y rester insensible, car, aujourd'hui, chez
les races civilisées, les annexions violentes, avec
toutes les complications qu'elles entraînent, compro-
mettent les intérêts religieux, politiques, économiques de toute une contrée, surtout étant donnés des
peuples divers sinon de langues, du moins d'usages,
d'intérêts, de mœurs et d'éducation. La majorité
des Lorrains annexés ne comprennent pas l'alle-

mand, malgré tous les efforts faits depuis vingt
ans, dans le but de les germaniser par des institu-
teurs, des institutrices et des programmes imposés
aux communes autrefois françaises. Aujourd'hui
que le socialisme est en l'air et il constitue, selon nous,
le problème le plus redoutable et le plus difficile à
résoudre, et que les ouvriers aspirent à se compter,
pour connaître leur force et agir ensuite.

N'est-il pas à craindre que les *Alsaciens-Lorrains*,
toujours si calmes, si soumis, si amis de l'ordre, ne
perdent confiance et ne se jettent en désespérés, dans
un parti extrême, afin de sortir de leur état lamentable, ce qui serait un embarras et un danger de
plus pour l'Europe conservatrice ?

Avec une perspective si sombre de l'avenir, pou-
vons-nous compter sur la tranquillité du lendemain
et la sûreté des frontières ?

De Strasbourg et de Metz, anciens boulevards de
la France et actuellement deux camps formidable-
ment retranchés, ou mieux, selon l'idée allemande,
deux vastes glacis, couverts de canons et de guerriers armés, jusqu'à Nancy, ville ouverte et convoi-
tée par l'ennemi, il existe, sur nos flancs toujours
saignants, *un empire* militaire de 42 à 43 millions
d'âmes, dont tous les hommes valides, depuis 17
jusqu'à 60 ans, peuvent être soldats ; empire qui
n'est qu'une *caserne*, qu'un *camp permanent*, toujours *prêt* à marcher pour une guerre agressive.

CHAPITRE II

L'EMPIRE ALLEMAND, COMMENT S'EST-IL FORMÉ ? ET COMMENT SE MAINTIENT-IL ?

Dieu nous garde de vouloir peiner ou offenser qui que ce soit! La charité chrétienne le défend, car, devant le tribunal de la justice divine, personne n'est responsable que de ses propres actes. Platon faisait déjà la remarque que les plus puissants et les plus illustres princes de la terre, comptent des *esclaves* dans leur généalogie. Mais les droits de la vérité historique sont également incontestables et sacrés. *Impendere vero, amica veritas.*

Ce préambule, que nous croyons nécessaire, explique notre pensée directrice de notre résumé sur la formation de l'empire allemand.

Hutten, ce chevalier taré, besogneux, un des premiers sectaires de Luther, disait aux princes de son temps, à la noblesse pillarde de l'Allemagne attirée à la cause du grand Révolutionnaire du seizième siècle, par l'appât des biens de l'Eglise : « Il nous faut *former un empire protestant, qui remplacera le saint empire Romain*. A cet effet, tout moyen sera bon ; ruse, mensonge, vol, corruption, persécution des catholiques et, pardessus tout, cette maxime païenne : *la force prime le droit*.

A l'époque de la Réforme, ou mieux de la Déformation universelle, la Prusse n'était *qu'un duché*

appartenant à *l'ordre religieux*, militairement constitué, contre l'invasion des barbares du Nord, *ordre
plus connu* sous le nom de *chevaliers teutoniques*
et soumis à la suprématie du Pontife de Rome. Le
supérieur de l'Ordre était *Albert de Brandebourg*,
héritier du margraviat de Brandebourg, lequel *en
1414* Frédéric de Hohenzollern, margrave de
Nuremberg, avait acheté de l'empereur Sigis-
mond, et auquel était *attachée une des sept voix
électorales de l'empire Romain.* Ce supérieur religieux, gagné au protestantisme et infidèle *à son
serment* et à ses *trois vœux*, confisqua le duché de
Prusse commis à son honneur, à sa conscience, et
se maria publiquement, sur les conseils de Luther,
avec Dorothée, fille du roi de Danemarck. Il accepta
la confession d'Augsbourg. C'est lui qui le premier
fit valoir dans la politique le principe emprunté au
plus mauvais paganisme, et aujourd'hui encore en
vigueur, dans les sphères gouvernementales de la
Prusse, principalement dans ses régiments par
rapport aux mariages mixtes, où les enfants appar-
tiennent par la loi au protestantisme : *Cujus regio,
illius religio* ; principe qui, en d'autres termes, est
la traduction de cette maxime césarienne de l'antique Rome : *la volonté du Prince forme la loi et la
religion de ses sujets ; quod principi placet, legis
habet vigorem*; maxime exprimée, en quelque sorte,
dans l'hymne national de l'Allemagne, surtout dans
ce refrain de la *Garde au Rhin*, *Wacht am Rhein* :
*Wo die Deutsche Sprache klingt, Da muss das
grosses Deutsches Vaterland sein*, ce qui veut dire :
Là où l'on entend résonner la langue allemande, là

doit être la grande patrie de l'Allemagne. N'est-ce
pas là un hymne national d'*annexion?* comme, dans
la Marseillaise de la France on entend des accents
révolutionnaires ?

Quoiqu'il en soit, Albert de Brandebourg, moine
défroqué devenu duc, força les habitants de son
duché à quitter la Religion catholique, qui les avait
arrachés à la barbarie ; il mit partout le trouble et
la division. Frédéric Guillaume, nommé le Grand
électeur, éleva la maison des Hohenzollern au-dessus
des maisons princières de l'empire, à l'aide d'une
armée considérable et de l'habitude de trahir ses
alliés, la *Suède* et la *Pologne.* Lors du traité de
Westphalie ou de Munster en 1648, grâce à la con-
nivence de la funeste politique du gouvernement
français, que Dieu, dans sa justice, punit exemplairement, il demanda et obtint à son profit, la sécula-
risation d'un grand nombre d'Evêchés ecclésiastiques,
entr'autres, ceux de Minden, de Magdebourg, de
Halberstadt. A l'imitation de tous les princes de la
Réforme, il exerça sur ses sujets, un pouvoir absolu
et militaire. Il fut le fondateur de la grandeur prussienne; son fils Frédéric III, excité par l'exemple de
Guillaume d'Orange, son parent, qui s'était fait roi
d'Angleterre, et par celui de son voisin l'électeur de
Saxe, appelé au trône de Pologne, acheta de l'Empereur catholique, pour six millions, le *titre de roi
de Prusse,* et il se couronna de ses propres mains,
à Kœnigsberg, avec un luxe infini, sous le nom de
Frédéric Ier (1701). Au traité d'Utrecht (1713), le roi
de Prusse fut reconnu par toute l'Europe, excepté
par le Pape et les chevaliers teutoniques. Frédéric

Guillaume Ier, nommé aussi le *roi sergent*, fit de Berlin, *sa capitale, une manufacture et une caserne*. Il menait l'*État* comme *un régiment* ; ses héros étaient Pierre le Grand, le tzar de Russie, et Charles XII, roi de Suède. Il forma de ses sujets des soldats soumis, des protestants et des calvinistes armés sur le continent. Frédéric II, nommé le *Grand*, éleva la Prusse parmi les grands États européens. Il envahit en pleine paix la Silésie, qu'il vola, parce que l'impératrice Marie Thérèse était trop occupée ailleurs, pour pouvoir résister ; mais cette malheureuse impératrice, plus homme que femme, portait toute sa vie et même jusqu'au tombeau, dans *son cœur, la plaie faite par la perte de cette province*.

Plus tard, Frédéric II gagna sur l'impéritie de nos généraux la bataille de Rosbach (1757), dont Voltaire traître à la France et à l'honneur national, osa le complimenter. Les traités de Vienne, en 1815, augmentèrent encore cette puissance conquérante ; et la victoire de Sadowa en 1866 la rendit maîtresse de l'Allemagne, grâce au concours de l'Italie et de la politique tortueuse et anti-française de Napoléon III. La Prusse put, à son aise, dépouiller et détrôner les princes, ses anciens confédérés. Pendant cette guerre fratricide, *Allemands contre Allemands*, M. de Bismarck, qui avait tramé contre l'Autriche et les princes du sud de l'Allemagne, à Biarritz, à l'aide de l'indigne empereur français, dont toute la vie ne fut qu'une conspiration, écrivit à son ami Goltz : « Le roi aimerait mieux abdiquer que de revenir, sans avoir agrandit ses États, par des conquêtes considérables. »

Ainsi, selon le fameux ex-chancelier qui ne connaît que le *Dieu succès, l'esprit d'annexion* forme l'âme des bons souverains de la Prusse. Sans de continuels agrandissements, le trône n'a pour eux aucun charme ; voilà pourquoi le monarque Guillaume Ier après, le Holstein, s'est annexé le Hanovre, la Hesse électorale, le Nassau.

Dans la Prusse s'incarne l'esprit ennemi du catholicisme, l'esprit franc-maçon et cosmopolite de l'Allemagne, qui la croit appelée à réaliser le rêve de Hutten, premier chevalier, ami de Luther, et à ressusciter l'*empire de Charlemagne*, au profit du protestantisme, que, par euphémisme, on nomme aussi : *empire libéral, empire évangélique*. L'empire de Charlemagne, qu'on ne l'oublie jamais, ainsi que nous l'avons dit plus haut, fut créé en 800 par Léon III, le jour de Noël, dans un intérêt uniquement catholique et non hérétique.

L'entreprise de la Prusse est vraiment infernale et ne peut être une œuvre divine ; malheureusement, dans le monde entier, il y a des catholiques qui ont des yeux pour ne point voir, des oreilles pour ne pas entendre, une langue pour ne pas parler, et une plume pour n'écrire que le mensonge ; ils se laissent trop facilement duper, et prendre à l'amorce des apparences et de grands mots, plus sonores que religieux et sincères.

Voici un fait qui prouve la simplicité de quelques catholiques en Allemagne. C'est le chanoine Gers, un ancien aumônier du 17e corps d'armée en 1870, qui raconte cette histoire :

« A l'entrée de la nuit, par un temps horrible, je

frappais à la porte d'un chanoine de Mayence, avec
une lettre d'introduction. Malgré le froid aigu dont
j'étais tout transi et le vent glacial qui fouettait mon
visage, le concierge me fit longtemps attendre. Enfin
il daigna me laisser introduire au logis.

Avec le plus vif empressement le chanoine me
questionna sur l'état des esprits en France, le sort
de notre armée. Il prétendait, tout en causant, que
cette guerre était nécessaire pour rabaisser notre
orgueil national, trop enflé, et pour établir l'*unité
allemande.*

«Nous sommes persuadés, ajouta-t-il, que Dieu se
servira de la Prusse pour *restaurer bientôt le Pape
à Rome* ; le Saint Empire doit être rétabli lui aussi,
pour la paix de l'Europe, et ce sera en la personne
de notre très gracieux roi Guillaume :

« Lui seul vaincra la Révolution et, sauvera la
société en péril. »

CHAPITRE III

CARACTÈRE ESSENTIEL DU NOUVEL EMPIRE ALLEMAND

Que les hommes de bonne foi et de trop naïve
crédulité entendent la voix d'un publiciste allemand,
prussien, celle de Mgr Ketteler, ancien évêque de
Mayence, supérieur du chanoine même dont
M. Gers parle avec tant de naturel, dans son livre.

« La Prusse, affirme l'éminent Évêque de Mayence,

doit être une monarchie (aujourd'hui empire) *absolue, militaire, protestante, bureaucratique*. C'est là une idée fixe des écoles (universités, gymnases) et des loges maçonniques. Selon eux, cette vocation fait sa force, son droit, la raison de son existence ; si elle y manque, elle cesse d'être nécessaire ; elle est forcée de s'annexer toutes les parties de l'Allemagne proprement dite, comme au firmament, tous les astres sont nécessités de parcourir l'orbite qui leur est tracé. Cette idée de l'absorption de l'Allemagne par la Prusse est fatalement agressive, dangereuse pour la paix de l'Europe (1). »

Ces paroles si prophétiques, si vraies, si vite oubliées, de feu *Mgr Ketteler*, doivent rester gravées, en caractères ineffaçables, dans la mémoire de tous les hommes sérieux et amis de la liberté, dans le monde entier.

Le baron Stoffel, ancien attaché militaire de France, envoyé à Berlin, répéta presque identiquement les mêmes pensées que Mgr Ketteler, l'évêque de Mayence dans un rapport remarquable ; malheureusement, les sages conseils de ce militaire diplomate n'ont pas été suivis par un gouvernement aveugle, chargé de conduire d'autres aveugles, et en 1870, nous avons été jetés tous dans l'abîme commun.

L'absolutisme militaire du gouvernement royal et impérial de la Prusse vient d'être établi et proclamé,

(1) Au moment de l'impression du présent travail, nous apprenons qu'à dater du 1er octobre, les passeports sont abolis ; mais, qu'on ne l'oublie pas, c'est uniquement au profit des allemands émigrés en Alsace-Lorraine, et non dans l'intérêt des Alsaciens-Lorrains, qui resteront des parias et des esclaves.

en termes formels, au *Landtag prussien*, par le successeur du prince de Bismarck, par le général de Caprivi. « Dorénavant, dit le nouveau chancelier, la Patrie est incarnée dans le roi et l'empereur d'Allemagne ; il en est la *tête* et *la vie* ; point de *volonté* ni de *génie* au-dessus de sa personnalité. *Tout vient et aboutit à lui.* » N'est-ce pas l'ancien Césarisme ressuscité et proclamé en Guillaume, *c'est-à dire* dans un jeune homme d'une trentaine d'années? tout sera soumis à l'omnipotence de l'État. C'est pourquoi, le jeune empereur, dans un discours récent, faisant peut-être allusion aux sourdes menées du prince de Bismarck, se proclame de nouveau « l'*unique maître et souverain* de l'Allemagne, déclarant en même temps qu'il n'en souffrira pas d'autre.»

Aussi, tout moyen paraît moral, aux yeux de la puissance prussienne ; nécessairement absolue et conquérante, aujourd'hui elle caresse le Pape et promet toutes les libertés aux catholiques ; demain elles les opprimera, quand elle y trouvera son avantage.

Comme une feuille *catholique* de Cologne l'affirme, en parlant du discours violent, contre les Catholiques, de M. Stœcker, pasteur de la cour impériale et désirant la confiscation des biens des Catholiques séquestrés, pendant le Kulturkampf. Aujourd'hui ce pasteur, peut-être trop franc, est mis à la retraite. Mais la Prusse n'a pas encore, à ce que nous savons, renoncé à la maxime de son grand Frédéric : *J'adhère à qui me donne le plus ; si nous trouvons à gagner à être honnêtes hommes, nous le serons ;*

*s'il faut duper, soyons fourbes; si nous pouvons
prendre, prenons.*

Ce langage, sous la plume d'un souverain, n'est-
il pas scandaleux ? L'utile est-ce donc la *mesure de
la justice, comme la force celle du droit?* (1)

Luther rendait Dieu responsable de tous les crimes ; car, selon sa doctrine: *il opère en nous le mal
ainsi que le bien.*

Aussi la maison de Brandebourg s'est toujours
distinguée, par sa grande dévotion, envers le dieu
luthérien ; elle ne cesse de l'invoquer pour qu'il
couvre ses bénédictions ses annexions, et ses
attentats contre l'indépendance et la propriété des
princes et des peuples.

Grâce à la protection de ce dieu *ténébreux* et à la
permission du Dieu véritable, qui laisse à l'iniquité
un triomphe momentané, quand sa justice le
force à punir les crimes des hommes, le roi Guillaume 1er, suivi aveuglément de l'Allemagne, a pu
infliger à la maison Catholique d'Autriche *et à la
fille aînée de l'Eglise, trop coupable,* des désastres
inouïs et se proclamer *Empereur* dans des circonstances inoubliables.

Paris environné d'un cercle de fer, le 18 janvier,
à Versailles, à l'heure de midi, dans la salle de
Louis XIV, l'ancien protecteur de la Prusse contre
l'Autriche catholique ; salle consacrée à toutes les
gloires françaises, et servant, dans cette circons-
tance, à toutes les hontes de la Patrie, le roi Guillaume, ayant à sa droite M. de Bismarck, à sa gau-

(1) *Lettre de Frédéric II à son ministre.*

che, M. de Moltke, les deux principaux facteurs et
ouvriers de tant d'iniquités, après un office protestant, et un discours guerrier et païen, fit solennellement entendre cette formule conforme aux traditions
de sa famille :

« A dater d'aujourd'hui, *de concert avec tous les
princes allemands, je prends pour moi et ma maison,* avec le titre de roi héréditaire par la grâce de
Dieu, celui d'*Empereur héréditaire allemand.* »

Cette prise de possession du titre d'*Empereur allemand* fut accompagnée de la proclamation suivante, laquelle *exprime parfaitement, pour qui sait
lire et comprendre.* le sens de la nouvelle dignité
impériale, dans la maison de la Prusse :

« *Nous et nos successeurs à la couronne* allemande, nous prendrons le titre d'Empereur, dans
toute relation et affaire de l'Empire.

« Nous espérons qu'il nous sera donné de mener
la Patrie, *sous le symbole de son ancienne splendeur, à un avenir prospère, dans une paix durable,*
et de l'environner *de frontières* qui garantiront à la
Patrie, *la sécurité, contre de nouvelles attaques de
la France* (1). »

En résumé, l'empire de Guillaume, tel que l'histoire le représente, s'est formé par l'achat de titres,
depuis celui de *margrave* jusqu'à celui de *duc,* de
roi et d'*Empereur,* et à l'aide du vol, de la ruse, de
sacrilège, de la corruption, de la violence, de l'apostasie. Il n'est qu'un despotisme *militaire, Hégélien,
bureaucratique,* qui vise spécialement l'Eglise ca-

(1) Versailles, le 18 août 1871.

tholique et la France ; son but final est l'annexion de
toutes les parties de l'Allemagne et la résurrection
de l'empire catholique de Charlemagne, au profit
des idées protestantes et francs-maçonnes. Il ne
s'appuie que sur la puissance des baïonnettes, sans
respect ni du droit, ni de la justice, ni de la nationalité, ni du catholicisme, ni des principes conserva-
teurs, et il menace nécessairement, l'indépendance
des peuples, ses voisins, principalement celle de
notre pays.

CHAPITRE IV

FACE DE JANUS, C'EST-A-DIRE LE DOUBLE LANGAGE
DU GOUVERNEMENT PRUSSIEN, DURANT LA DERNIÈRE
GUERRE FRANCO-ALLEMANDE, EN 1870, ET DANS
L'EMPIRE ALLEMAND ACTUEL.

Pendant la triste invasion qui amena sur la Patrie
française tant de ruines, n'y eut-il pas une double
politique de la part de la Prusse ?

Jusqu'à Sedan, les proclamations du roi prussien
que nous avons lues et les discours du trône même,
affirmaient que la Prusse ne faisait pas la guerre au
peuple français, mais à son gouvernement. Elle se
posait ainsi *en Sauveur* des mécontents du règne de
Napoléon III. Après Sedan, le vainqueur jeta son
masque. Il voulut dès lors l'anéantissement de la
France, *dans son honneur, dans son influence,*

dans son intégrité, dans son crédit, et il poursui-
vit ce but avec une méthode savante, sans entrailles
ni pitié. Ce n'était plus une guerre politique ni dynas-
tique, mais de race, d'influence, de conquête, pour
la domination, pro dominatione. On ne saurait
trop répéter ce réquisitoire officiel, qui n'a jamais
pu être démenti :

« Ecraser les habitants par des réquisitions déme-
surées en nature et en argent, s'attaquer à la propriété privée, forcer les familles à livrer leur argen-
terie et leurs bijoux, bombarder et incendier les
villes ouvertes, prendre en otage les citoyens les
plus illustres, profaner des sanctuaires, souiller des
églises, exposer sur les machines des chemins de
fer les magistrats les plus honorables, aux rigueurs
de la mauvaise saison et aux insultes des soldats ;
frapper des prêtres, incendier des maisons, tuer des
vieillards, des femmes et des enfants, attaquer pour
ainsi dire, les défenseurs de la Patrie, dans l'existence de leurs familles, les atteindre dans les sentiments les plus profonds de l'humanité, pour qu'ils
viennent ensuite s'abaisser devant les vainqueurs et
solliciter les humiliations de l'occupation ennemie,
est un raffinement de violence calculée qui touche à
la barbarie ; violer outrageusement tous les articles
du droit des gens, tels sont les faits incontestables
de cette horrible guerre. » La responsabilité en pèse
tout entière sur le GOUVERNEMENT PRUSSIEN.

Rien ne les a provoqués, et aucun d'eux ne porte
la marque de ces violences désordonnées auxquelles
cèdent parfois les armées en campagne. « *Il faut
qu'on le sache bien*, ils sont le résultat d'un système

réfléchi, dont *les états-majors* ont poursuivi l'application avec une rigueur scientifique. »

« Les arrestations arbitraires ont été décrétées, au quartier général ; ces réquisitions étudiées d'avance ; ces incendies allumés froidement avec des ingrédients chimiques, soigneusement apportés ; ces bombardements, contre les habitants inoffensifs, ordonnés, tout a donc été voulu et prémédité ; c'est le caractère propre des hommes qui font de cette guerre la honte de notre siècle. La Prusse n'a profité de la civilisation moderne que pour perfectionner l'art de la destruction (1). »

Finalement, tous ces excès de la force brutale ont abouti au traité de paix si honteux, et si humiliant, qui nous força de donner à la Prusse, en dehors des réquisitions antérieures, ce qui ne s'est jamais vu, *une indemnité de cinq milliards,* à lui céder *l'Alsace et la Lorraine,* avec ses riches et belles forêts domaniales, valant plus de *300 millions, à entretenir cinquante mille hommes* sur le pied de guerre, et qui occupèrent toutes les places fortes, tous les points stratégiques jusqu'au payement intégral du dernier des écus, avec défense de toucher à une pierre de nos forteresses démantelées et d'appeler un seul homme sous les drapeaux.

(1) Circulaire de *M. Chandordy,* délégué des affaires étrangères à Tours, envoyée, le 29 novembre 1870, à tous les agents de la France à l'étranger ; circulaire qui n'a pas été réfutée, et dont nous ne rapportons ici qu'une faible partie.
Nous savons pertinemment que beaucoup de soldats allemands, ont eu le cœur navré de tant d'atrocités.

Les mémoires de M. de Moltke accusent de cet état lamentable de la France, *la défense de la France* par MM. Gambetta et de Freycinet.

Voici en quels termes :

« Suivant le système français, Gambetta était, comme ministre de la guerre, chargé de conduire l'armée française dans ses opérations, et il n'osait abandonner le pouvoir à des généraux. CAR CE RÉPUBLICAIN SAVAIT QUE, DANS SON PAYS, UN GÉNÉRAL VAINQUEUR SERAIT UN DICTATEUR.

« Sous lui, un autre civil, M. de Freycinet, jouait le rôle de chef d'état-major.

« La France *a payé cher les fautes commises* par ces hommes énergiques, mais agissant en dilettantes.

« Avec une rare force de volonté, une éloquence inimitable, un feu vif et décidé, Gambetta remue la France ; il met sous les armes toute la population valide.

« Mais ces légions inexpérimentées ne sont pas dirigées d'après un plan arrêté, uniforme, bien conçu.

« Sans leur laisser le temps de se former en troupes solides, Gambetta lança, SANS S'INQUIÉTER DES CONSÉQUENCES, cette jeune armée contre un ennemi bien organisé et supérieur en nombre.

« IL PERDIT EN HUIT JOURS TOUT L'ESPOIR DE LA FRANCE. Certes, il prolongea cette lutte insensée, au prix des plus durs sacrifices des

deux côtés, SANS RIEN CHANGER A LA FOR-
TUNE DE LA FRANCE. »

Quoique les paroles du Nestor des généraux allemands soient justes, néanmoins, à notre point de
vue, Gambetta releva le moral de la France par sa
défense héroïque. Bien des personnes regrettèrent
qu'il ait mis bas les armes.

CHAPITRE V

**FUNESTES CONSÉQUENCES DU TRAITÉ DE PAIX DE
FRANCFORT, POUR LA FRANCE, L'ALLEMAGNE, L'EU-
ROPE ET LE MONDE CIVILISÉ.**

Après la conclusion d'un traité aussi infâme
que celui de Francfort, toutes les plumes vénales
des reptiles allemands se mirent à insulter la
France, vaincue, sans nul respect, pour le malheur
qui, chez tous les peuples civilisés, passe pour une
chose sacrée, res sacra. A la tête de ces insulteurs,
nous trouvons le professeur Wagner, l'*Alter ego*
de M. de Bismarck lequel publia le programme de
la Prusse actuelle, programme qui heureusement
ne pourra jamais se réaliser.

« Contre le peuple français, dit-il, dans son libelle,
tout moyen est bon. »

« Car ce peuple est orgueilleux, ignorant, indigne de pitié, dans le bonheur, comme dans le mal-

heur, aimant toujours les choses nouvelles (1). »

« Il faut *briser sa puissance, épuiser* la victoire
et en tirer tout le profit possible » (2). Ici on peut
dire : le *Væ Victis* se change en *gloria Victis.*

Encore une fois, qui est l'auteur vrai de tant
d'humiliations, de désastres et de la grandeur prussienne ? N'est-ce pas en premier lieu l'aveuglement
de l'Allemagne même catholique, et ensuite l'aveuglement de la politique hypocrite de Napoléon III ;
politique acclamée par une majorité stupide et
insensée !

En effet, sans la guerre d'Italie, en 1859, le
Pape jouirait encore de son Domaine et de son
indépendance ; il n'y aurait pas eu de menées cons-
piratrices à Biarritz entre la Prusse et la France, ni
l'influence de M. de Bismarck sur la scène des
affaires du monde, ni l'intervention perfide de Napoléon III, dans la question danoise. La guerre de la
Prusse contre l'Autriche ne devenait pas possible,
ni l'alliance de l'Italie avec la Prusse ; alliance
que Napoléon III favorisait secrètement.

L'Autriche n'eût pas eu son Sadowa en Bohème,
et sans Sadowa la guerre de la Prusse contre la
France eût été insensée et le nouvel empire qui date
de Sedan n'eut pas été proclamé à Versailles, devant Paris se débattant dans les tortures de la faim
et dans les convulsions du désespoir. Voilà, en quelques mots, les faits et les fautes du gouvernement
impérial de la France, faits et fautes dont l'enchaî-

(1) *Rerum Novarum studiosi.*
(2) Der Sieg wird ausgebeutet werden.

nement et la logique crèvent les yeux des plus aveugles; fautes imputables à la nation même qui laissait faire.

Entendons maintenant un organe de M. de Bismarck, comme il exprime sa reconnaissance à Napoléon III qui fut son honteux prisonnier :

« L'ex-empereur Napoléon, s'écrie-t-il, nous aplanit les voies pour l'unité Allemande ; il fit disparaitre des préjugés dans la diplomatie ; il introduisit *dans le droit européen* l'idée de la nationalité ; *il posa le fondement* sur lequel nous avons continué à bâtir. Il chassa les *Habsbourgs de l'Italie* et amoindrit leur puissance; et par là il ébranla leur position et leur influence en Allemagne (1). »

CHAPITRE VI (*suite*).

LES CONSÉQUENCES FUNESTES DU TRAITÉ DE FRANCFORT POUR L'ALLEMAGNE, POUR L'EUROPE ET POUR LE MONDE CIVILISÉ.

Il est des hommes qui, soit par irréflexion, soit par calcul, **soit** par malveillance, accusent la France d'être la **cause** du malaise général et de la crise industrielle du monde civilisé ; c'est là un grossier mensonge, pour ne pas dire une affreuse calomnie.

Car, qui force l'Europe d'être armée jusqu'aux

(1) *La Poste de Berlin, après Sedan, en* 1870.

dents ? N'est-ce pas le nouvel empire allémand,
avec ses trois ou quatre millions de baïonnettes,
dont il se vante sans cesse, prêtes à marcher sur le
signe de la volonté d'un seul homme d'une trentaine
d'années, en qui se personnifie le passé, le présent
et l'avenir d'une grande nation.

Et voyez les efforts désespérés que notre pays est
obligé de faire, à l'effet de maintenir son indépendance et relever son prestige parmi les peuples.

Dans le but de payer sa rançon et de réorganiser
ses finances, ainsi que son armée, elle se trouve,
dans la nécessité de se créer, chose qui ne s'est jamais
vue, chez aucun gouvernement, un budget annuel
de près de *quatre milliards* sans compter le chiffre
des taxes des coupons des chemins de fer, tout ce que
vous mangez, tout ce que vous buvez, toutes les étoffes dont vous vous revêtez, tout ce que vous brûlez,
matière première, sucre, café, huile, bois vin, eau-
de-vie, tabac tout jusqu'aux allumettes chimiques,
est timbré, taxé, surtaxé. Le fisc, cet autre Prussien, avec sa main inexorable, se montre en tout et
partout, pour extorquer en France, au pauvre comme au riche, le fruit de son travail et de sa sueur.
Chez nous, l'Etat paye plus d'un milliard et demi
(1,553 millions) de dettes en *rentes* et en *dotations*.
De plus, à l'imitation de notre vainqueur, non seulement la France, mais tous les pays de l'Europe,
pour sauvegarder leur existence, sont contraints de
se transformer en un vaste camp, d'appeler sous les
armes tous leurs enfants valides, de les exercer au
métier de la guerre et de s'imposer les plus lourds
et les plus intolérables sacrifices, qui finiront tôt ou

tard nécessairement par les épuiser tous et par une conflagration générale.

En conséquence, de cette situation anormale, violente, unique dans les annales de l'histoire, toutes les puissances de l'Europe, grandes et petites, catholiques et protestantes, schismatiques et musulmanes, sont entraînées à des armements qui absorbent toutes leurs ressources et les accablent d'impôts.

Malgré cet écrasement universel, chaque peuple augmente continuellement son état militaire. On dirait l'invasion d'une fièvre endémique.

Pourquoi ? C'est qu'une défiance universelle et une inquiétude secrète, et générale se sont emparées de tous les gouvernements. N'est-ce pas *l'angoisse et la frayeur des nations* dont parle l'Evangile, *dans l'attente de ce qui doit arriver à l'Univers ?* (1),

Tous les gouvernements ne se sont-ils pas menacés dans leur existence ?

Et pourquoi *ces angoisses générales ?*

C'est qu'il n'y a plus ni bonne foi, ni confiance, depuis que la Prusse, par la bouche du prince de Bismarck, a osé proclamer dans le parlement allemand et réaliser cette fameuse maxime, empruntée aux plus mauvais jours du paganisme : « *la force prime le droit ?*»

L'Allemagne elle-même paye fort cher le nouvel empire ; les choses de première nécessité, ont augmenté du double en Prusse, un thaler (3 fr. 75),

(1) Luc XXI, 25 et 26.

était autrefois le gain de l'ouvrier. aujourd'hui aucun ouvrier n'y peut plus vivre, dans les grandes
cités, sans un thaler et demi (5 fr. 60) ; par conséquent la classe ouvrière y est de 25 0 0 plus pauvre
qu'auparavant (1).

Ce qui explique le mouvement socialisme de
l'Allemagne, aujourd'hui surtout que la plus noire
des misères règne dans ces vastes contrées. Ccar
voici ce qu'on écrit de Berlin, le 21 août 1891 :

« Jamais la situation n'a été aussi grave. C'est un
véritable écroulement. La crise économique s'étend
à toutes les sources de richesse de la nation. Elle
n'est pas moins aiguë dans le monde financier que
dans le monde industriel, à la Bourse que, dans les
centres ouvriers, dans les campagnes rases de
l'Allemagne du Nord, que dans les grandes villes; et
c'est tout un peuple qu'aujourd'hui elle affame.

« Le crédit de l'empire est ébranlé, les valeurs
nationales sont discréditées, la plupart des entreprises sont guettées par la faillite, le mouvement
commercial se montre en décroissance rapide, le
prix du pain inaccessible à la masse énorme des
besogneux, des petits salariés, des familles chargées
d'enfants ; la récolte des pommes de terre, cet ali-
ment des pauvres, reste notoirement insuffisante
aux besoins de la population...

« Il ne faut pas oublier qu'ici les travailleurs
agricoles ne bénéficient pas de la cherté des pro-
duits du sol, et que très peu de paysans possèdent la
terre qu'ils cultivent. Le régime de la grande pro-

(1) *Correspondant du Daily Télégraph.*

priété ne comporte, en Allemagne, que de rares exceptions ; et le bouvier reçoit, le plus souvent, son salaire en argent, comme le mineur ou le forgeron.

Ainsi les citoyens, les moins fortunés, patriciens ou plébéiens, paient l'unité allemande et la conquête de l'*Alsace-Lorraine du quart de leur bien-être*, sans compter les morts et les désastres commerciaux. A Berlin, seul sur 100 habitants il y a 52 pauvres. (1) »

Ce qui explique encore l'anecdote suivante, à nous racontée par un ami du pays annexé. « Il y a peu de temps, un jeune homme parfaitement mis, gros et gras, vient chez lui et lui demanda l'aumône; l'ami, surpris de cette visite, se contenta de dire au vaillant demandeur : « Comment, un gaillard aussi jeune et fort que vous, vous venez demander un secours à un pauvre prêtre ? » L'étranger pour toute réponse lui dit : « Si vous restez encore dix ans membre, dans ce nouvel empire, vous ferez comme nous, vous irez mendier votre pain. » Consolante perspective ! Du pain ! du pain ! sera bientôt le cri général en Prusse !

L'état de paix sur le continent européen nécessite, sur le pied de paix, plus de six millions de soldats, et entraîne pour l'entretien de ces immenses armées seules une dépense annuelle de près de *quatre milliards* ; l'état de guerre quadruplerait cette somme en capital d'hommes et d'écus, sans compter la perte des forces productives, occassionnée par ce

(1) *Correspondant du Daily Télégraph.*

déploiement ruineux et inusité de servitudes militaires.

Encore une fois, pourquoi un armement aussi formidable, et tant d'inquiétudes parmi les peuples ? Parcequ'il n'y a plus d'Europe chrétienne, ni de traités qui lient les puissances.

En effet, où sont les traités de Vienne, de Paris, de Villafranca, de Prague, de Berlin ?

Que sont-ils devenus ? Des feuilles de papier, mieux des toiles d'araignées, qui arrêtèrent quelque temps les *mouches*, et laissèrent passer les *lions*.

Tout maintenant est livré au hasard, à l'arbitraire, au bon plaisir du plus fort. *La Russie*, l'alliée de l'Allemagne en 1870, est aujourd'hui son ennemie forcée (1) malgré des visites réciproques et platoniques, de leurs souverains. Elle l'a montré, il y a quelques semaines, par sa réception enthousiaste faite à l'amiral Gervais et à l'escadre française. La Russie profita de nos désastres, pour déclarer, aux oreilles stupéfaites de l'Angleterre, 1871, dans la conférence de Londres, avec une crudité de langage extraordinaire « qu'elle dénonce le traité de Paris, 1859, lequel lui avait barré le chemin de Constantinople, et qu'elle estime que ces sortes de traités n'obligent que ceux qui sont trop faibles, pour les rompre. »

(1) Nous avons lu dans des livres et des journaux que le plan de la Prusse est de se jeter d'abord sur la France et de l'écraser pour pouvoir ensuite tomber sur la Russie, de l'écraser à son tour et de la rejeter sur l'Asie. La Russie a donc besoin de la France, comme la France de la Russie.

C'est pourquoi alors, le même prince Gortschakoff, chancelier russe, ayant touché la main de M. de Bismarck, après l'entrevue des trois empereurs, eut raison d'affirmer que cette visite ne put aboutir à un résultat positif, et que ce qu'il y a de mieux, c'est qu'on n'y ait rien arrêté par écrit. »

Pourquoi n'a-t-on rien écrit, dans cette entrevue des trois plus grands souverains de l'Europe ?

Parce que personne n'a plus de confiance, ni dans les paroles, ni dans les écrits, ni dans les traités. Les souverains peuvent se visiter, se faire des compliments, se donner en spectacle, porter leurs santés dans des toasts plus ou moins ronflants ; cela ne tire plus à conséquence, quoi qu'ils disent et fassent. L'opposition des intérêts ne trouve plus un *terrain commun* pour y placer une convention durable.

La France est provisoirement abattue et mutilée, mais elle se relève déjà et aura de nouveau un grand éclat.

L'Autriche ressemble également, pour le moment, à un corps brisé qui cherche son centre de gravité. Elle est surveillée d'un côté par le pangermanisme, incarné dans la Prusse ; d'un autre côté, par le panslavisme, représenté par la Russie. Jamais, la véritable Autriche ne pourra pardonner à la Prusse de l'avoir jetée violemment hors de l'Allemagne, dont elle fut la gloire et la protectrice, près de mille ans. Sans être prophète, nous croyons que l'Autriche, si elle est sage et prudente, aura de nouveau, dans la nouvelle guerre qui se prépare, *la pré-*

pondérance en Allemagne. La France et même la Russie ont besoin d'une *Autriche forte.*

L'*Angleterre* se renferme dans son égoïsme mercantile ; égoïsme qui menace de devenir son tombeau, malgré son amitié de cœur, et peut-être son traité secret, avec le nouvel empire Allemand. Car elle porte attachée à ses flancs l'*Irlande* rebelle, énergique qui réclame, à juste titre, ses biens et ses droits, enlevés autrefois par la rapacité protestante : elle profitera de tous les embarras des Anglais pour rentrer dans sa liberté. Sa délivrance fera chanter le *Te Deum* à tous les océans du globe.

L'*Italie*, digne alliée de la Prusse et la personification de l'ingratitude envers la France, *après Sedan*, sous l'instigation de l'Allemagne sa protectrice, sans déclaration de guerre, utilisa les désastres de notre patrie, qui à cause d'elle, s'attira la malédiction de Dieu, pour s'emparer des restes des États de l'Église, et de Rome capitale, résidence de Pie IX, vieillard désarmé, père de la foi, de ses peuples et du monde catholique ; attentat sacrilège, toujours puni dans ce monde et lequel sera châtié d'une manière exemplaire sur elle, comme sur tous ses complices.

L'*Espagne s'épuise* dans les convulsions de l'anarchie des *libéraux* et des *royalistes* ainsi que dans les *Pronunciamentos* de ses généraux.

La *Turquie* reste la *grande malade*, à l'agonie, toujours *mourante* et dont les dépouilles convoitées, sont un embarras et un objet de jalousie universelle.

La *Russie*, jadis la puissance prépondérante en Europe et la fière protectrice de la Prusse et de l'Allemagne, se sent assiégée maintenant sur la mer Baltique, sur le Niémen, sur la Néva et à Saint-Pétersbourg même, par sa pupille, qu'elle a stupidement aidée à devenir victorieuse car la Prusse convoite, actuellement, trois de ses plus belles et plus riches provinces, allemandes de cœur, la *Courlande*, la *Livonie* et l'*Esthonie*. Elle eût son *Sadowa* et son *Sedan*, dans les humiliations de l'Autriche et de la France. Oui, la Russie fut humiliée par le *traité de Berlin* qui, grâce à l'Angleterre et à M. de Bismarck, annula ses victoires si meurtrières et si dispendieuses sur la *Turquie*. Aussi la Russie et l'Allemagne, malgré quelques apparences contraires, sont forcément brouillées ; leurs intérêts sont aussi opposés que l'eau et le feu, au nord, à l'est, au sud, sur le Danube qui doit rester, quoi que dise le chancelier de fer, un fleuve allemand. Jamais l'Allemagne, ni même l'intelligence de l'Europe ne pourront permettre que les *bouches du Danube* et *Constantinople*, soient uniquement entre les mains de la Russie qui par là comme disait déjà Napoléon Ier à Alexandre Ier, après la paix de Tilsit en 1807, dans sa fameuse entrevue, *serait bientôt maîtresse* de la Méditerranée et du monde (1).

Nous croyons que la Russie est au regret d'avoir été une des causes de la grandeur de la Prusse, par son attitude en *1866 et 1870* ; elle a paralysé la

(1) Thiers, *Consulat et Empire*.

France et l'Autriche. De là, les chaleureux remer-
ciements datés de Sedan, de la part de l'empereur
Guillaume Ier en 1870. La Russie et la France aujourd'hui unies seront à notre point de vue, les
maîtresses de l'avenir.

La Prusse, hier la puissance la plus faible, des
cinq grandes puissances de l'Europe, domine aujourd'hui toutes les autres ; elle possède plus de
quatre millions de baïonnettes exercées, qu'elle
peut rapidement mobiliser et jeter sur un champ de
bataille quelconque, avec une artillerie formidable
qu'elle se hâte de doubler au moyen de nos milliards ; elle ressemble actuellement *au lion rugis-
sant*, elle tourne autour de la proie qu'elle cherche
à dévorer (1).

CHAPITRE VII

LA FORCE APPARENTE DE LA PRUSSE

Depuis 1866 et surtout depuis 1870, il existe en
Allemagne, un état militaire qui vient d'être augmenté de deux corps d'armée, c'est-à-dire de plus
de cent mille hommes.

Ni l'empire romain, ni l'empire de Napoléon Ier,
qui sont les empires les plus vastes connus, n'ont
jamais eu à leur disposition des forces aussi immen-

(1) II *Pet.* IV, 8.

ses. C'est pourquoi, le nouvel empire allemand, rend tout *précaire* et *incertain*. Tous les intérêts politiques, civils, industriels, sont sans cesse menacés, en dépit de ces maximes menteuses empruntées au Napoléonisme, dont on cherche à duper les niais : « L'empire allemand, *c'est la paix* ; le roi pourra fonder *dans le cœur* de l'Europe, *la paix des peuples*, par une grande patrie allemande, qui sera le foyer de la *crainte de Dieu*, des *bonnes mœurs* et de la *liberté*. Dieu veuille qu'après une *guerre si glorieuse*, la tâche du peuple allemand, soit désormais de triompher dans les travaux de la paix ! Le nouvel empire alleman l veut être le foyer certain *de la paix* ; à cet effet, il fera tous ses efforts d'entretenir des relations amicales avec la Russie et l'Autriche, ses plus puissants voisins, dans le but de rassurer l'opinion publique(1). « Paroles inspirées par l'entrevue de Gastein et répétées sur tous les tons, par suite de l'entrevue des trois empereurs à Berlin ; paroles démenties par le vieux Guillaume lui-même.

En 1875, encore ivre du sang danois, autrichien et français, il voulait marcher avec toute son armée contre la France, pour l'écraser complètement et l'empêcher de se réorganiser, si la Russie avec l'Autriche et l'Angleterre même, ne lui avaient pas crié : *Halte-là*.

Quoiqu'il en soit, nous le demandons à tous les hommes de sens rassis, comment la *paix*, la*liberté*, les *bonnes mœurs* et la *crainte de Dieu* sont-elles

---

(1) (Discours du Trône. Premier parlement allemand, après 1871).

possibles avec la *caserne prussienne*, qui du Niémen
s'étend jusqu'à Avricourt et englobe le nouvel
empire allemand et dont tous les échos retentissent
de ces cris de fous furieux ?

Mort au romanisme ! l'esprit germain dominera
le monde ; les peuples néo-latins ont vécu. Il nous
faut un Pape germain ; la Prusse ne permettra pas à
un congrès de limiter ses frontières ; elle s'unira
de gré ou de force les îles et les provinces allemandes de la Baltique, la Hollande, la Flandre, la Suisse
allemande et les provinces allemandes de l'Autriche.
Elle formera un empire national presque universel,
qui bravera les coalitions de tous les peuples. Dans
cet empire, la France ne sera qu'une *Irlande*, qu'une
Pologne, qu'une *Espagne* divisée et impuissant (1).

Si la réalisation de tels cris était le vrai programme du nouvel empire allemand, ce serait le
rêve de la paix des tombeaux. Plus d'une génération
d'hommes y passerait. Nous croyons, au contraire,
que la Prusse, avec son nouvel empire, serait en-
chantée, si la France, la Russie et l'Autriche même,
armées jusqu'aux dents, lui laissaient le temps de
digérer ses récentes annexions. M. de Bismarck lui-
même a déclaré, dans sa retraite, que les nouvelles
conquêtes sont difficiles à digérer, et il rej   la
faute de ces annexions contre nature, *sur le   ti
militaire en Prusse*. Il faut avoir une gra   naï-
veté pour le croire. Néanmoins nous osons affirmer,
avec feu Mgr Ketteler, qu'il est aussi impossible à la
Prusse de rester immobile et de renoncer à des en-

(1) *Feuilles politiques et historiques* de **Munich** et brochures de **Wagner**.

treprises futures, qu'*il l'est au soleil de s'arrêter dans sa course.* La voix souterraine et occulte des libéraux et des francs-maçons, qui ont créé le nouvel empire lui crie : *Vorwaerts, En avant, marche.* Il faut qu'il avance, ou qu'il périsse. Nous pouvons lui porter le défi d'*assurer la paix,* avant d'avoir annexé en Europe toutes les provinces allemandes. La *paix,* ce bien le plus précieux de l'homme et des peuples, est aujourd'hui aussi irréalisable que la quadrature du cercle. Nous n'avons qu'*une suspension d'armes,* qui est anxieusement surveillée ; qu'*une trêve momentanée,* dont chacun profite, pour mieux se préparer à de nouvelles batailles.

Sans doute, cette *suspension d'armes,* cette *trêve* dure déjà depuis vingt ans, trop longtemps pour la patience de l'*Alsace-Lorraine,* et l'honneur, la justice, la *dignité de la France* ; mais, devant l'Éternel, si cent mille ans sont moins que l'espace d'un jour : qu'est-ce que *vingt ans ?*

En toute hypothèse, l'Ange de la guerre n'a pas encore mis son épée dans le fourreau. Sous les dehors d'une paix apparente et armée, règne une guerre sourde et secrète. La Prusse nourrit une haine profonde contre la France. Elle cherche par tout moyen à tuer son influence, dans le monde entier.

Voici ce qu'écrit de la Chine un Évêque missionnaire, dans les *Annales de la propagation de la foi,* (novembre 1886) :

« Je le répète, et je ne saurais assez le répéter, que la catastrophe qui anéantit notre mission (en

7

Chine) est beaucoup moins l'effet d'une persécution religieuse que d'une haine politique, de la haine de l'étranger envers nous Français. »

Quant à la crainte de Dieu et aux bonnes mœurs, dont l'Univers est déjà gratifié par le nouvel empire, Berlin, la Métropole de la Prusse, nous donne à cet égard un curieux échantillon. Nos renseignements nous sont fournis par les feuilles politiques et historiques de Munich (1872): « Les masses protestantes, dit cet organe, un des plus importants de l'Allemagne, sont sorties du Christianisme ; sur *cent* protestants, il en est *un* qui fréquente encore le temple. Il n'est pas rare que, dans des paroisses protestantes de plus de 2000 âmes, le pasteur ne puisse plus faire son office, les dimanches et les fêtes, faute d'auditeurs. »

On a calculé que, sur 1,000 décès à Berlin, *un* reste encore chrétien, et que, sur 23,000 enterrements, 19,858 se font sans l'assistance d'aucun pasteur.

Pour les mariages, très peu de filles portent la couronne, signe d'une vie honnête. La plupart des fiancés se passent de la bénédiction nuptiale.

Aujourd'hui même, on constate que les procès de divorce dans les familles bourgeoises et aristocratiques sont tellement nombreux à Berlin, que tout un sénat d'avocats n'y suffit pas.

Dans cette prétendue capitale de la *science et des bonnes mœurs*, la prostitution ne connaît plus de bornes. Tous les rangs de la société sacrifient, annuellement, sur les autels de Vénus et de Bacchus, outre la santé publique, plus de 100 millions de francs. Un grand nombre d'enfants n'y sont même plus baptisés, ainsi que dans d'autres grandes villes de l'Allemagne protestante.

Les vols avec effraction, les attentats aux mœurs, la superstition, la sorcellerie, le paupérisme et le socialisme, y font des progrès effrayants. Personne n'y est en sûreté, ni le jour, ni la nuit, ni pour la bourse, ni pour la vie. Il en est de même, dans les autres grandes cités de l'Allemagne protestante.

Un député de l'Alsace-Lorraine nous confirma dernièrement la véracité de nos renseignements. Il ajouta que feu *M. Vindhorst, le leader* du centre, trois semaines avant sa mort, lui avait dit : « Prenez bien garde ! On veut protestantiser la Lorraine et il me cita des documents inconnus, à l'appui de ce qu'il m'affirmait » malgré la dénégation du Kreis-director de l'arrondissement, auquel il s'est permis d'adresser à cet égard de vifs reproches.

Voici ce que dit, sur l'état religieux, M. Gers, dans son livre, les *soldats français* dans les *prisons* d'Allemagne, (page 277) :

« L'état religieux de Berlin est très curieux à étudier de près, comme dans toute l'Allemagne ; deux courants s'y partagent, le règne *des esprits et des âmes, le rationalisme et le piétisme. Les rationalistes* sont des libres-penseurs, rompant avec toute croyance dogmatique et ne professant aucun culte ; ils sont *chrétiens de nom* et *païens de fait ;* extérieurement et d'après des statistiques officielles, ils sont le *plus petit nombre à Berlin* ; en réalité, ils forment la plus grande masse de la population. »

CHAPITRE VIII

LA FAIBLESSE RÉELLE DU NOUVEL EMPIRE, LA PRUSSE
MENAÇANT, PAR SON ORGANISATION MILITAIRE,
CONTINUELLEMENT LA PAIX DE L'EUROPE, EST-ELLE
RÉELLEMENT LE COLOSSE INVINCIBLE QUI PUISSE
ÉCRASER TOUS SES VOISINS ET RÉALISER SES
FOLLES PRÉTENTIONS ?

Oui, aux yeux des niais qui ne réfléchissent pas
et qui se laissent aller aux apparences. Mais *non*,
mille fois *non*, devant la saine appréciation des
choses. Nous nous permettons de donner les preuves de notre assertion. Tout le monde avouera que
le nouvel empire allemand n'est qu'un gouvernement absolu, militaire, protestant, élevé rapidement
sur les ruines et les dépouilles de ses voisins. Or,
l'histoire atteste que jamais un pouvoir militaire n'a,
pendant de longs siècles, gouverné les peuples.

L'Évangile nous dit que les édifices de l'épée seront brisés par l'épée (1). La force brutale a fait le
nouvel empire allemand, comme celui de Nabucho-
donosor, d'Alexandre, de César, d'Attila, le fléau de
Dieu, de Tamerlan, de Napoléon Iᵉʳ et de Napoléon
III ; l'épée le détruira ; il passera comme un mé-
téore effrayant ; car ce n'est que le triomphe de la

(1) Matth. XXVI, 52.

violence éphémère d'un parti sectaire, et rien *de
violent ne dure. Omne violentum non durat.*

Les œuvres voulues par Dieu sont le fruit des
temps et fondées sur la bienfaisance et le souvenir
reconnaissant des hommes, envers un insigne bienfaiteur. La création de Guillaume Ier à Versailles
peut-elle invoquer la prescription de la durée ou un
titre de bienfaisance, de gratitude, de la part des
peuples allemands ? N'est-elle pas sortie violemment
du sang même allemand et des ruines du Danemarck,
de l'Autriche et de la France ? L'empire allemand
ne peut même pas invoquer les bienfaits des empires
assyrien, grec et *romain* ; le premier avait pour
mission providentielle celle de conserver l'intégrité
des Écritures et des douze tribus d'Israël, dis-
persées dans ses vastes provinces, afin de faire
connaître le nom de l'Éternel ; l'empire grec, celle
de voir traduite la Bible de l'hébreu, dans l'idiome hel-
lénique, et de préparer les esprits à la mission du
Christ ; l'empire romain, celle de former de tous les
peuples connus, une espèce d'unité matérielle et de
créer les voies romaines, afin de faciliter aux Apôtres la prédication de l'Évangile.

C'est pourquoi, nous n'accueillons que comme des
phrases en l'air, les affirmations de Guillaume II,
dans son premier discours, à Brême (avril 1890).
« S'il nous a été donné de faire ce qui a été fait, dit
le jeune empereur, cela vient surtout de ce qu'il y a,
dans notre maison, une *tradition*, en vertu de laquelle
nous nous considérons *comme institués par Dieu,*
pour préserver et diriger vers leur bien les peuples
sur lesquels nous régnons et pour sauvegarder leurs
intérêts *matériels et moraux.* C'est, en suivant cette

tradition que mon aïeul a fait de grandes choses
et qu'il a réussi à constituer l'unité de l'empire ;
moi, de mon côté, je crois que mon devoir suprême
est *de protéger, de développer, de parachever*
l'empire qui m'a été transmis. »

A cette occasion, nous prenons la liberté de rap-
porter ici un trait d'histoire, conforme à la tradition
de la maison impériale d'Allemagne. Aveugle, le
vieux et dernier roi de Hanovre, Georges V, défendit
en vain lui-même sa Patrie, l'épée à la main et la
rage au cœur, contre l'invasion prussienne. Cousin
et ami personnel du roi Guillaume de Prusse ; il
avait d'ailleurs l'assurance formelle de celui-ci en
faveur de l'autonomie et de l'indépendance du
Hanovre. Mais vaincu, spolié, exilé, Georges V a
traîné les derniers jours de son existence dans le
malheur, répétant sans cesse cette grave sentence :

« *Ne croyez jamais à la parole d'un roi de
Prusse.* »

Avec ses Etats, on a saisi toute la fortune personnelle du malheureux roi détrôné, pour former ce
qu'on appelle les *fonds guelfes*. Ces biens séquestrés donnent deux millions de marcks, d'intérêts dont
on se sert pour défendre la Prusse, contre les agents
de l'ex-famille royale ; ainsi les spoliations des infor-
tunées victimes des rois de Prusse, sont employées
pour maintenir les anciennes dépouilles et en ac-
quérir de nouvelles ; telle est la vraie tradition de la
maison royale de Prusse. Dans le même sens, une
brochure militaire d'un officier supérieur vient de
paraître à Cassel *1891* ; elle approuve complétement
le belliqueux général Valdersée. Cette brochure

conclut : « *Tout pour la guerre et par la guerre* » et regrette vivement qu'on n'ait pas fait la guerre en 1887, comme le parti militaire l'avait conseillé, parce que la Russie n'était pas prête et que la France était isolée. Nous croyons être dans le vrai en affirmant que l'empereur Guillaume II contredit lui-même la *tradition morale* et *bienfaisante* de sa maison par sa solennelle proclamation : *Mon devoir suprême est de protéger, de développer, de parache-ver l'empire qui m'a été transmis* et qu'il est parfaitement d'accord avec l'officier supérieur : *tout pour la guerre et par la guerre.* Mais on tremble devant de nouvelles batailles, parce que la France et la Russie sont prêtes et s'entendent. Dans le but de *parachever l'empire allemand,* ce qui est devenu impossible de nos jours, l'Europe doit s'attendre à trois grandes guerres d'extermination : 1° *avec la France ;* 2° *avec la Russie ;* 3° *avec l'Autriche,* avant de jouir du *doux repos* de la *paix de Berlin.* Ne faut-il pas se trouver dans un état d'ivresse, d'ambition impardonnable pour nourrir de pareilles chimères ?

CHAPITRE IX

DIVISION SOURDE EN ALLEMAGNE ENTRE CATHOLIQUES ET PROTESTANTS, ENTRE RICHES ET PAUVRES. LE SOCIALISME; DIFFICULTÉS INTÉRIEURES ET EXTÉ-RIEURES.

Quoi qu'il en soit, le nouvel empire devient très caduc, parce qu'il n'a pas de racines profondes ni

dans son *histoire*, qui date d'hier et de l'époque
néfaste de la prétendue Réforme, ni dans les *intérêts*,
ni dans l'*amour* de ses sujets ; *les quatorze ou quinze
millions de catholiques* qui la composent, ayant été
persécutés dans le Kulturkampf, ne sauraient
l'aimer sincèrement et tôt ou tard, ils chercheront
à briser l'oppression de leur conscience.

Voici ce qu'on écrit de Berlin, le 27 juillet 1891 :
« La *Gazette universelle* déplore qu'une partie de
la presse bavaroise manifeste des sentiments dé-
pourvus de tous sentiments de cordialité à l'égard
de la Prusse. » C'est ainsi que la *Gazette* relève un
article du nouveau journal *Tagblad* de Munich, qui
se termine : « C'est vraiment dommage, oui dommage, que nous soyons *enchaînés* à ces braillards,
les Prussiens et par suite, à recevoir la *correction*
qui les attend, dans la prochaine guerre. »

Sauf le *parti militaire* et les *fonctionnaires* franc-
maçons, les Allemands en général regardent comme
une injure d'être appelés *Prussiens*. Ce nom est devenu synonyme de *loup-garou*. Un officier allemand
demandait à une paysanne de l'Alsace : « Pourquoi
elle ne voulait pas être prussienne ? C'est que le
diable, en enfer, serait honteux d'être prussien, ré-
pondit la courageuse Alsacienne. »

Tout royaume divisé, dit notre Seigneur dans l'Évangile, est *condamné à périr.* Or le nouvel empire qu'on
regarde ordinairement *comme un régiment* parfaitement organisé et conduit sous une *règle de fer,* se débat
actuellement dans des difficultés *intérieures* et *exté-
rieures.*

Difficultés intérieures, en haut, on voit se dessiner
deux partis ; celui de l'Empereur, jeune prince intel-

ligent, animé de bonnes intentions, mais sans expérience, plus militaire que diplomate et peut-être trop actif et trop remuant réformateur comme cela se trouve naturel, quand on est malade et absolu souverain et *celui du prince de Bismarck*, lequel, avec M. de Moltke, est le grand facteur du nouvel empire. M. de Bismarck, homme de génie, d'une capacité intellectuelle incontestable, aussi roué diplomate que rusé militaire et ayant une expérience consommée, étant le Nestor de la diplomatie européenne, ne veut pas accepter le repos fait à ses 76 ans. Habitué à la domination, il parait avoir de son côté, la plupart des princes confédérés et les cercles aristocratiques, libéraux et même beaucoup de socialistes et de fonctionnaires.

En bas du nouvel empire, vous voyez la *révolution cosmopolite* dont la Prusse est l'incarnation, quoiqu'elle accuse la France d'être le foyer de cette plaie, la plus effroyante à juste titre des temps modernes. Si toutes les nations de l'Europe ont actuellement leurs misères particulières, la *France*, les *communards*, les *radicaux*; la *Russie*, ses *nihilistes* : l'*Italie*, ses *Garibaldiens* ; l'*Autriche*, ses *grèces formidables*, nul pays n'est, dans ce moment plus travaillé par l'*Internationale*, portant écrit sur son drapeau rouge un programme heureusement irréalisable, qui n'est que de pure destruction.

Jamais de pareille idées n'ont été formulées et ne pourront avoir une application politique. Car, sans Dieu, sans pouvoirs, sans armées, sans propriété particulière, rien n'est possible, que l'horrible spectacle de ruines sanglantes ou fumantes. Le programme des socialistes allemands porte :

Plus de gouvernement qui nous accable d'im-
pôts.

Plus d'armées permanentes qui nous tuent.

Plus de *Religion* qui nous abrutisse.

Plus de *propriété* qui nous rende esclave !

Voici ce que dit, sur le socialisme en Allemagne, ce livre, déjà plusieurs fois cité ici : *Les Soldats français prisonniers*, page 279: « Au parlement, au Reischtag, le groupe socialiste grandit toujours en nombre et en influence. Il a ses comités de province, soumis à celui de Berlin ; ses réunions secrètes et publiques, ses affidés dans les usines et les ateliers de l'empire. Le mot d'ordre est universel : *Mort à Dieu et aux Souverains !*

« Les martyrs socialistes sont aussi vénérés, que les régicides nihilistes en Russie.

« Les chefs occultes du mouvement international ne déguisent pas le but final, qui est de sonner le *Glas du vieux monde,* et de planter le *drapeau rouge* sur toutes les capitales incendiées en Europe. En recevant en séance leurs adeptes, ils chantent:

        «*Rendons hommage au bon pétrole* !

        «Comme il éclaire et brûle

    «Au fond du cœur des peuples, il brûle toujours.

    « Ici le pétrole ! là le pétrole ! partout le pétrole !

        « Vive le pétrole ! »

« Nous sommes des pétroleurs, les sauveurs du monde ».

Les *difficultés du dehors* du nouvel empire paraissent être encore plus grandes que les *difficultés intérieures.* Il a contre lui la *défiance des peuples de l'Europe,* malgré les phrases ronflantes de la presse allemande.

La *défiance même des Princes confédérés*, qui craignent à juste titre d'être avalés par le colosse germanique du nord et réduits à l'état servile de préfets de Berlin.

L'inimitié de la France, à cause de l'Alsace-Lorraine.

L'inimitié des peuples russes, qui redoutent un voisin aussi arrogant et agressif.

L'inimitié sourde et latente de l'Autriche, à raison de son Sadowa.

Feu M. de Manteuffel, ancien ministre et général avisé, a jeté ce cri d'alarme parfaitement vrai, relativement aux difficultés intérieures, dans la Chambre des seigneurs :

« Je vois venir le jour où la *puissance Royale* sera mise, à son tour, en *question* : je prie Dieu d'éloigner ce moment critique ; car, alors, l'alternative ne sera plus *sacerdoce* ou *royauté*, mais *prolétarisme* ou monarchie ».

Nous ajoutons *despotisme* de la part du nouvel empire, comme *affreuse tyrannie*, du côté du socialisme.

CHAPITRE X

LE RÉVEIL DES NATIONALISTES EN AUTRICHE ET EN BAVIÈRE ET DES SÉPARATISTES DU HANOVRE ET A FRANCFORT.

Quant aux difficultés *extérieures* qui pèsent sur le *nouvel empire allemand*, il nous semble que

l'opinion des nationalistes autrichiens et bavarois
forme la majorité des habitants non *allemands*.

Voici la conclusion d'un article qui a fait grande
sensation à Berlin :

« Qui pourrait affirmer que la Bavière et le Wurtemberg accepteront toujours l'hégémonie de la
Prusse? Le mouvement Guelfe est-il à jamais ense-
veli?

« Les catholiques allemands renonceront-ils à
lutter contre la prépondérance du protestantisme?
La France consentira t-elle jamais à oublier Sedan?
Ce sont là autant de questions qui prouvent que les
conquêtes de la Prusse, ne doivent pas encore être
considérées comme définitives.

« Aucun général ne peut certifier à l'Allemagne,
qu'elle sortirait encore victorieuse d'une campagne
contre la France. Si la Russie maintient une puissante armée sur les frontières de la Prusse, celle-ci
ne pourra plus, comme en 1870, jeter toutes ses
troupes sur le Rhin — et si la chance tourne? De-
vrons-nous, Autrichiens, nous jeter dans le préci-
pice, pour sauver la prépondérance de la Prusse?
Pourquoi?

« Nous pourrons nous allier au vainqueur : mais
pour le vaincu, nous pourrons simplement verser
une larme par politesse.

« On ne peut exiger des populations autrichien-
nes qu'elles s'enthousiasment pour l'hégémonie
prussienne.

« Les Autrichiens ne pourront s'enthousiasmer
que pour former une Autriche forte et *unie*, tra-
vaillant pour sa propre prépondérance en Europe,

une *Autriche semblable* à celle de nos pères (1). »

Les pensées si vraies de ce journal autrichien sont corroborées par la manifestation suivante des Hanovriens.

Car, malgré la pression berlinoise, de temps en temps se produisent des signes concluants, qui prouvent que le joug prussien n'a pas comprimé toutes les cervelles en Allemagne et que beaucoup d'Allemands sont restés fidèles à eux-mêmes.

C'est ainsi, dit un organe de publicité que cette année 1889 le retour de l'anniversaire de la bataille de Langensalza fut l'occasion d'une fête destinée à ranimer le sentiment patriotique et particulariste des Hanovriens.

A cette occasion, un discours fut prononcé par le lieutenant-colonel de l'ex-armée hanovrienne, par *M. de H.....*, qui dit entre autres choses : « Nous ne pouvons que féliciter ceux de nos frères tombés sur le champ de bataille, de n'avoir pas été soumis à l'épreuve que nous subissons et de n'avoir pas été *condamnés* à voir une race étrangère occuper et posséder notre province. »

Un autre orateur exprime l'espoir que la génération qui l'écoutait ne mourrait pas, sans avoir vu le duc de Cumberland rentrer dans la capitale du royaume de Hanovre, au milieu de l'enthousiasme de son peuple fidèle.

La *Post*, de Berlin, s'empressa de dénoncer ces manifestations, à l'indignation de ses lecteurs. Par

---

(1) *Schwartz Gabel* (La Fourchette noire) organe des Nationalistes, décembre 1889.

là il ne fit qu'en souligner l'importance. A Francfort, cette année 1891, le même cri d'enthousiasme pour un mouvement séparatiste s'est fait entendre.

La conclusion de ce que nous venons de dire, c'est que le *nouvel empire est plus faible qu'il ne parait.* L'unité n'y est pas faite, l'esprit Guelfe séparatiste, y vit à Francfort et toujours dans le Hanovre.

L'Autriche conserve sur le cœur, le vol du titre d'empereur allemand et son Sadowa. La Bavière, le Wurtemberg et tous les catholiques de l'Allemagne, qui forment plus que le tiers de la population allemande, se souviendront longtemps encore de leur Culturkampf. Le nouvel empire n'a donc pas le dévouement, ni l'unité ni l'enthousiasme de ses peuples. Il n'a d'autre soutien ni de durée que la pointe des baïonnettes, sur lesquelles on peut momentanément s'appuyer, mais jamais s'asseoir, ni se reposer.

M. de Moltke a beau dire : « Armés de pied en cap, nous nous reposons sur nos victoires » (1). Nous prenons la liberté de répondre : Non, vos *victoires* ne sont pas pour vous un *repos*, elles sont des haltes dans la marche et rien de plus. La *nécessité* vous *force à marcher* comme le juif-errant, sans jamais atteindre votre but et dans cette marche folle, vous verrez l'accomplissement de la réponse de *Frédéric-Guillaume* à M. Bunven: « Une couronne acquise par les dépouilles de l'Église, porte malheur. Ce n'est plus une couronne, mais un cercle de boue et de terre glaise (2). »

----

(1) Wir ruhen auf dem Sieg.
(2) *Vie de Charles-Albert, par M. le marquis de Costa.*

Le maréchal de Moltke, dans son dernier discours au Reischstag, à l'effet de demander de nouveaux subsides pour de nouveaux armements, fait allusion aux *ennemis intérieurs et extérieurs* du nouvel empire.

Voici une courte analyse du discours du Nestor des généraux allemands, de ce grand facteur de l'état actuel des choses :

« Les guerres de cabinet sont passées ; nous n'avons plus que celles des peuples. Tout gouvernement calme et réfléchi, ne se résoudra que difficilement à provoquer de pareils fléaux, avec leurs incalculables conséquences ; *au dedans*, nous avons à craindre *les classes pauvres* pour leurs revendications ; *au dehors,* certaines tendances de races *et certaines aspirations nationales.* C'est partout le mécontentement de ce qui existe ; tout cela peut amener la guerre, il faut donc un gouvernement fort, qui seul peut maintenir la paix.

« Quand la guerre, comme l'épée de Damoclès suspendue au-dessus de nos têtes, éclatera, elle sera terrible, longue, acharnée ; personne ne saurait en prévoir ni la durée, ni la fin. Ce n'est que l'épée, qui arrête l'épée, et qui peut soutenir une lutte inévitable avec honneur et succès. » A cet effet, les meilleures garanties d'assurances sont en nous mêmes.

Les mêmes idées sont développées dans les mémoires de M. de Moltke, publiés par son neveu, sous le titre de *Considérations générales.*

« Les jours sont passés où des intérêts dynastiques, de petites armées composées de soldats de métier, partaient en guerre pour conquérir une ville

ou une province et ensuite prenaient leurs quartiers
d'hiver ou concluaient la paix. Les guerres des
temps modernes appellent des armées entières sous
les armes ; il y a peu de familles qui n'aient à en
souffrir. Toutes les ressources financières de l'État
sont dévolues dans ce but, et les différentes saisons
de l'année, n'ont aucune influence sur la marche
croissante des hostilités.

« Tant que les nations resteront indépendantes
l'une de l'autre, il y aura des litiges qui ne pourront être résolus que par la force des armes. Dans
l'intérêt de l'humanité, il est à espérer que les guerres deviendront moins fréquentes, alors qu'elles
sont devenues plus terribles.

« Généralement parlant, on peut dire que ce n'est
plus l'ambition des monarques qui est un péril pour
la paix ; les passions du peuple, son mécontentement de la situation à l'intérieur et de l'état des choses, les convoitises des partis et les intrigues de
leurs chefs, en sont les causes déterminantes.

« Une déclaration de guerre, si grave par ses conséquences, est plus facilement décidée par une grande
assemblée, dont aucun des membres ne porte l'unique responsabilité, que par un homme, quelque
haute que soit sa position ; et un souverain aimant
la paix est moins avare qu'un parlement composé
d'hommes sages. Les grandes guerres du temps
présent ont été déclarées à l'encontre du désir et de
la volonté des pouvoirs dirigeants. De nos jours,
la Bourse a acquis une influence telle, qu'elle a le
pouvoir de mettre des armées en campagne pour
protéger ses intérêts. Le Mexique et l'Égypte ont

été occupés par des armées européennes, simplement pour accéder aux demandes de la *haute finance*. Aujourd'hui la question : « Une nation est-elle assez forte pour faire la guerre ? » est de moindre importance que celle-ci : « Son gouvernement a-t-il assez de pouvoir pour prévenir la guerre ! » Ainsi l'Allemagne unifiée a jusqu'à présent, utilisé sa force seulement pour maintenir la paix ; un gouvernement faible placé à la tête de l'Etat voisin du nôtre, par contre, doit être considéré comme une menace perpétuelle pour la paix.

A ce discours et à ces idées, plus ou moins vraies, nous nous permettrons d'ajouter : dans la guerre prochaine, les *montagnes et les rochers de bronze* dont on nous menace ne seront que d'énormes glaçons qui se fondront, sous le feu ennemi ; un empereur absolu et militaire, aussi intelligent et pacifique qu'on le suppose, tel que Guillaume II, n'est pas une garantie d'une paix durable. — Ses sentiments peuvent subitement changer avec l'état de sa santé.

CHAPITRE XI

FAIBLESSE APPARENTE DE LA FRANCE VIS-A-VIS DE L'ALLEMAGNE.

L'empire allemand ne cesse de proclamer qu'avec ses alliés — l'*Autriche* et l'*Italie*, elle n'a rien à craindre de personne ; qu'elle peut rapidement jeter, elle seule, un million de soldats exercés, sur chaque

frontière menacée ; qu'elle forme la ligue de la paix
européenne. L'Italie à son tour crie et se vante d'a-
voir la force des baïonnettes du *côté des trois
alliés.* — La conclusion à tirer de ces proclamations enthousiastes, c'est que la Prusse est le *fort
armé* dont parle l'Evangile ; qu'elle garde en sûreté
ses conquêtes et qu'elle défie tout ennemi de pouvoir lui ravir sa proie. Ainsi, la Prusse à la tête
de l'Allemagne unie, et formant une nation de 43
millions d'habitants, ayant avec elle deux puissants
alliés l'*Autriche* et l'*Italie* avec l'Angleterre pouvant
facilement lui fournir encore *deux millions d'excel-
lentes troupes,* en dehors des marines allemandes,
autrichienne, italiennes et même celles de l'Angleterre, la plus forte des marines du globe, se
croit invulnérable et à l'abri de tout danger ; elle se
regarde comme intangible. Elle pense qu'il lui suffit
de montrer le *double aigle* qui orne ses drapeaux
et ses monnaies, pour inspirer une frayeur universelle et pour dédaigner les autres peuples de l'Europe
y compris les Français et les Russes, à l'égal de petits oiseaux, se cachant tremblants dans leurs nids,
et contents de la becquée journalière de leurs mères
respectives.

Nous espérons que Jésus-Christ, le Dieu du Ciel
et de la terre, qui, tout en aimant tous les hommes,
aime spécialement les Francs, se montrera le Dieu
des armées. Il nous accordera la victoire sur tous
nos ennemis, qui sont *les siens.*

En dehors de la protection spéciale du Christ,
nous croyons même que la France et la Russie
unies, ne craindront pas la coalition des trois ou

quatre alliés, car eux deux auront au moins ne
million de guerriers de plus que les trois ou quatre
alliés réunis.

Mais admettons même que la Prusse, avec ses
forces aussi formidables sur terre et sur mer, soit
victorieuse de la France et de la Russie, et qu'elle
avance, de succès en succès, jusqu'aux portes de
Paris. C'est là, osons-nous affirmer, devant *Dieu et
les hommes*, qu'elle trouverait son tombeau. La Patrie de Sainte Clotilde, de Saint Remy, de Saint Vé-
daste, de Saint Martin, de Charlemagne, de Saint
Bernard, de Saint Louis, de Jeanne d'Arc, de Sainte Marguerite Alacoque, sous la pression de la nécessité, se souviendrait alors du *Dieu des armées*,
qui donne la victoire à qui lui plait. Grâce à ses glorieux protecteurs et intercesseurs, la France arbo-
rerait le drapeau du Sacré-Cœur. Pleine de foi et
d'enthousiasme, selon la promesse de Jésus-Christ
même, faite à sa servante de *Paray-le-Monial*, l'armée française anéantirait les vainqueurs ; elle les
poursuivrait jusqu'en Allemagne et, après plusieurs
batailles sanglantes gagnées, elle ferait disparaitre
la Prusse comme grande puissance, aux applaudis-
sements des Catholiques du monde entier. Ce n'est
là qu'une hypothèse, qu'un pis-aller, qu'une suppo-
sition chimérique ; nous voulons seulement, par là,
dire : « que la France, avant d'être anéantie, ferait
nécessairement plusieurs campagnes, tandis que la
Prusse vaincue, ne pourrait pas même en faire
deux. Elle tomberait comme un château de cartes.
Et les paroles du prince de Bismarck, écrites à une
anglaise, trouveraient un éclatant démenti. » « Il est

facile d'élever un palais en l'air, sans fondement, mais difficile à le renverser. L'empire allemand, qui est cet édifice sans fondements, croulera de soi-même, sous le moindre effort de ses ennemis. (1)

CHAPITRE XII

FORCE RÉELLE DE LA FRANCE VIS-A-VIS DE L'ALLEMAGNE

Nous avons vu, plus haut, que Saint Remy, dans ses visions, et que tous les grands pontifes contem-porains, après le Baptême de Clovis et celui de son armée, annoncèrent à la nation franque ses *hautes destinées*, si elle est fidèle à la mission que Dieu lui confiait d'être *la perpétuelle protectrice de l'Eglise et du Saint-Siège.*

(1) Différence des ressources de la France et de la Prusse en cas de guerre.

Emprunt de 1890, de 869 millions

L'Etat français demandait 869 millions : on lui a offert 14 milliards 600 millions. L'Etat emprunte donc chez nous à 2,5 0/0 et on lui offre 17 fois la somme qu'il demande.

En Prusse, il s'agissait d'un emprunt en rentes 3 1|2 émises à 87 fr. C'est *à peine s'il a été couvert*.

Nos ennemis empruntent donc à 4 0|0 et ils trouvent difficilement.

En 1870, notre taux n'a pas dépassé 6 0|0 ... pleine défaite. C'est le taux de l'emprunt prussien, en pleine victoire la même année.

Or, les dons du Seigneur sont sans repentance. Jusqu'ici, malgré les apparences contraires de ses mauvais gouvernements, la France n'a pas encore failli à son rôle historique et providentiel. Son intérêt la force souvent, contrairement à la volonté de ses pouvoirs dirigeants, à soutenir au dehors le catholicisme et la Papauté. *Fidèle* à cette noble mission, elle fut toujours récompensée par Dieu, riche en miséricorde ; et *infidèle*, elle subit des désastres et des humiliations extraordinaires. Charles-Quint, fier ennemi de François I⁰ʳ, disait avec vérité:

« Il n'y a nation au monde qui fasse plus pour sa ruine que les Français, et néanmoins tout leur tourne à salut, Dieu ayant en sa protection spéciale son royaume, ce qui, en d'autres termes, veut dire : « C'est singulier, quand on croit tout perdu en France, Dieu la retire de l'abîme, d'une manière merveilleuse. » C'est pourquoi, dans la nouvelle guerre qui se prépare, la Justice divine sera vengée, et la France sera de nouveau le *soldat du Christ, Gesta Dei per Francos.*

Les peuples catholiques du monde entier l'accompagneront de leur sympathie et de leurs prières, et quelques-uns peut-être de leur assistance matérielle. Les catholiques allemands doivent voir dans ce qui se passe chez eux, ce qui les attendrait, en cas que la Prusse sortirait victorieuse d'une nouvelle guerre contre la France. Témoin leurs fonds de plus de *vingt millions* séquestrés par le Culturkampf, qui seraient entièrement confisqués : rentes et capital. Témoin et plus significatif encore, le discours violent prononcé contre eux par le pasteur Stoecker, le prédicateur de la cour impériale, s'ils n'aperçoivent pas sous la peau de *velours* qu'on leur présente, la *main de fer* qu'on leur cache, ce sont des aveugles volontaires, qui ne méritent aucune pitié. Mais nous espérons, de leur foi chrétienne, qu'ils useront de leurs droits pour se souvenir de leur glorieux passé.

Les catholiques de l'Allemagne, instruits à la dure école du Culturkampf, ne prêcheront plus à Fulda et dans les chaires chrétiennes la *Croisade*, contre les *Velches*, et ne diront plus dans leurs brochures, et leurs journaux : Il *faut arracher* au coq gaulois *deux plumes*, c'est-à-dire, on doit prendre à la nation impie *deux provinces*. » Ils feront d'énergiques efforts pour ressembler à leurs ancêtres et reconquérir leur complète liberté de conscience, que leurs pères ont conquise au prix de tant de sang et de trésors. Ils ne se laisseront plus duper par une politique tortueuse. On leur reproche souvent amèrement de manquer de *patriotisme*, quoiqu'ils aient versé leur sang et leur or pour créer l'Unité allemande contre eux-mêmes et à leur préjudice. Mais, en toute hypothèse, ne peuvent-ils pas répliquer victorieusement à tous leurs adversaires : « Qui a déchiré l'Allemagne, et qui cause la famine générale qui nous menace ? N'est-ce pas la Prusse, la protectrice du protestantisme ? Qui a imploré le bras étranger contre l'empereur Catholique ? Ne sont-ce pas les *adhérents de Luther* ? Si, aujourd'hui, les Catholiques allemands s'avisaient de s'appuyer sur l'*Autriche* catholique ou sur la *France* catholique, dans le noble but de demander la protection des *intérêts de leur conscience*, qui primera toujours le *fanatisme* de l'*unité allemande*, ne seraient-ils pas justifiés aux yeux du droit naturel, divin et historique ?

Si, catholiques allemands, vous ne croyez pas à nos paroles, entendez ce que dit un de vos plus savants et distingués enfants, feu Mgr Hergenröther, devenu cardinal à Rome et ancien professeur de l'Université de Vürtzbourg. Ce savant et feu prélat affirme formellement : « *Dans le nouvel empire*, on fait passer pour ennemis de la Patrie, tous les bons catholiques ; les feuilles protestantes répètent à satiété :

« La science moderne est plus forte que l'ancienne autorité morale du catholicisme. La nationalité est au-dessus de la foi ; il y a incompatibilité entre le vrai patriotisme et la pratique religieuse. La Prusse est appelée à réformer le catholicisme ; elle est la *tête* et l'*esprit* de l'Allemagne, l'*âme vitale* de la Religion, de la science et de la politique du monde. Car elle représente la victoire sur la superstition ; elle est la destruction du Romanisme. C'est le complément de l'œuvre allemande par la Réforme de Luther. » Encore une fois, Catholiques d'Allemagne et du monde entier, ouvrez les yeux, voyez et remplissez votre devoir.

Dans la prochaine guerre qui se prépare, des flots, mieux, des fleuves de sang seront versés, non pour une question politique, pour la prééminence d'une race sur une autre, mais pour la foi catholique, pour la victoire du Christ contre l'ante-Christ. Si le nouvel empire protestant doit rester maître de l'Europe, tous les Catholiques passeront par la plus terrible des persécutions.

« O Sacré Cœur de Jésus, détournez de nous cette horrible vision ! Nous aimons mieux, avec le père Monsabré, affirmer la mission providentielle de la France et dire avec l'éloquent orateur de la Basilique du Vœu national, le 5 juin 1891 : Ni les impies du dernier siècle, ni les blasphémateurs scientifiques de celui-ci n'ont pu détacher de Dieu la France de Jeanne d'Arc et de Saint-Louis. Et même dans les crises inouïes que nous traversons, lorsque l'égoïsme menace de creuser des abîmes entre les diverses classes de la société, l'amour du prochain, l'exécutif de l'amour de Dieu peut tout sauver. »

CHAPITRE XIII

CONCLUSION ET FIN

Si notre faible voix doit vainement retentir en Europe et dans le monde, indifférent aux questions religieuses qui l'intéressent, nous crierons aux quatre vents du ciel : En avant, ô France, vraie Patrie des Croisades ! Prépare ton ancienne épée, qui a brisé les institutions politiques de l'Arianisme et du Mahométanisme, menaçant la *Religion du Christ* et l'indépendance européenne. Aujourd'hui tu as besoin de délivrer la terre de l'empire créé par la franc-maçonnerie et personnifié dans la *Prusse*, et de l'*antichristianisme* incarné dans l'*Italie*, son digne allié. La Providence miséricordieuse ne t'a envoyé les désastres épouvantables, que dans le but de te purifier et te rendre apte à remplir ta haute vocation ; si, pendant la malheureuse guerre de 1870, et après, les ennemis *t'imposèrent un gouvernement qui augmente tes malheurs*, nous croyons qu'en majorité, ton armée est régénérée par l'épreuve et qu'en danger tu peux appeler tous tes enfants valides à faire l'œuvre de Dieu. A l'imitation de nos pères, les *Croisés*, ils répondront généreusement à ton appel, sous la protection du Très-haut, de Jésus-Christ qui *aime les Francs* et de ta Patronne, de la *Vierge-Marie, le marteau de toutes les hérésies.*

Au nom du *Sacré-Cœur* dont le temple magnifique élevé par les frais du catholicisme et de la France *dévote et pénitente*, qui s'achève rapidement sur les buttes de Montmartre à Paris, et vient d'être livré au culte : *Aie confiance en toi-même*, dans la justice de ta cause, dans les réclamations de deux provinces violemment arrachées, *rerum repetitione*. Si tu sais l'unir, adopter une politique conservatrice et protectrice de l'Eglise, tu as deux fois plus de ressources que l'Allemagne enrichie de nos milliards et de l'*Alsace-Lorraine. Car son unité n'est pas faite, ni dans les esprits ni dans les cœurs, ni dans le passé ni dans le présent, ni dans le futur*. Elle se manifeste plus divisée que jamais ; le mouvement continuel de son jeune empereur parcourant l'Europe à la recherche d'alliés à sa politique d'annexion, manifeste clairement son inquiétude, sa crainte et son manque de confiance dans l'avenir. Car, la vraie force est calme, tranquille, pleine d'assurance. O France ! ô chère Patrie, tu n'as été momentanément abattue que pour te relever plus *glorieuse* ; mais renonce pour toujours, aux faux systèmes des *bou-leversements sociaux* et des *conquêtes violentes.*

L'Alsace-Lorraine forme une preuve vivante que les *annexions forcées* restent un anachronisme, un immense malheur à notre époque et dans l'état de notre civilisation, où tous les intérêts des peuples s'enchevêtrent les uns dans les autres, comme les rameaux d'un arbre robuste, ou comme les divers membres du corps humain. Séparer par la force brutale, les provinces d'un pays, qui par un travail de plusieurs siècles se les avait assimilées en les imprégnant de son esprit, en leur infusant son âme ; vouloir les façonner, contre leur volonté, sur un autre modèle, un nouveau patron, c'est aller contre la nature des choses, c'est arrêter la vie sociale d'un pays, couper en morceaux les institutions, diviser, mutiler les familles ; c'est engendrer la haine, soit sourde, soit manifeste ; c'est affaiblir, non fortifier les États ; c'est créer un danger perpétuel de guerre et reculer vers la barbarie.

Des conquêtes morales, la sympathie, l'affection des peuples, non leur oppression, ni leurs larmes, ni leurs gémissements, voilà le rôle naturel, historique, providentiel de la France chrétienne.

Donc, ô grande Patrie de Clovis, de Charlemagne, de Saint Louis et de Jeanne d'Arc, songe sérieusement à refaire ton unité perdue par la cession de l'*Alsace-Lorraine* et à réparer l'honneur national, si honteusement flétri à Sedan, dans les capitulations de Metz et de Strasbourg, dans les malheureux traités de Versailles, de Bordeaux, et de

Francfort ; songe à reconquérir notre place au concert des peuples européens.

Une nation, pas plus que l'individu, ne vit uniquement *de pain* et d'*intérêts matériels*. Elle doit se mouvoir dans une sphère plus haute ; songe à redonner à la France, à l'Allemagne et à l'Italie la vraie *liberté* de *conscience*, la *liberté chrétienne*, en assurant les droits de l'Église Catholique et ceux des peuples opprimés. C'est ta mission historique, nationale et divine.

N'oublie pas ces paroles d'admiration et même prophétiques, sorties de la bouche de Saint François de Sales, de ce *grand et doux prince de l'Église* :

« Ah ! que les français sont braves, quand ils ont Dieu de leur côté ! Qu'ils sont vaillants, quand ils sont dévots ! Qu'ils sont heureux à combattre les infidèles ! Le lion, qui attaque tous les autres animaux, ne craint que les *coqs* (gaulois, français).

« C'est-à-dire, autrefois la Turquie, qui menaçait l'indépendance de tous les autres peuples, ne craignait que les français, (*Leo qui omnibus insultat animalibus, solos pertimescit gallos.*)

« Aussi plusieurs estiment, que ce sera un de vos rois, ô France, qui donnera le dernier coup à la *secte de ce grand imposteur de Mahomet* (1).

Songe à rétablir la paix si désirée dans le monde entier ; car le *militarisme actuel* épuise toutes les ressources économiques des États, compromet tous les intérêts civils, religieux, sociaux de l'Univers, et menace sans cesse la terre d'une *conflagration générale.*

(1) Panégyrique d'Emmanuel.

Confiante en ton avenir, ramasse les tronçons de
ton épée ; panse tes blessures faites et actuellement
presque fermées et pousse le cri que le prince de
Bourbon fit éclater, le lendemain d'Azincourt, *cri si
chrétien* et *si français : Espérance !* (1). Oui, nous
crierons, *espérance*, avec le général d'Allogos.

« Quand l'heure sera venue, dit-il, soyez certains,
Messieurs, que votre armée donnera jusqu'à la dernière goutte de son sang pour assurer le triomphe
du droit, la gloire de la Patrie, l'honneur du drapeau,
*pour voir enfin flotter, sur les chers clochers de
Metz et de Strasbourg,* nos couleurs nationales. »

Oui, nous crierons encore *espérance*, par la voix
de l'orateur, à la fête célébrée dans la cathédrale de
de Nancy, le 28 juin 1890, en l'honneur de Jeanne
d'Arc.

Devant un auditoire immense, composé de toutes
les autorités civiles, militaires et religieuses du
département, Mgr Turinaz, après l'office de la Sainte
Messe, dans un discours magistral, montra la mission divine de l'humble bergère de Domremy, sous
le triple point de vue de la *Lorraine*, de la *Française* et de la *Catholique*. Le prédicateur termina
par ces paroles pathétiques : « Ne séparons pas les
deux rayons qui brillent au front de la libératrice de
la *France,* le *rayon de la Patrie terrestre* et le
rayon de la Patrie céleste. Noble vierge de la
Lorraine, faites que la France soit toujours la
messagère de la vérité, et le *soldat de Dieu*, l'a-
pôtre de la charité et de la paix, mais aussi le bras

(1) Discours académique du duc d'Aumale en 1887.

de la justice imprescriptible ; que votre bannière nous guide dans le chemin de la vaillance, du dévouement et de l'honneur ! O Jeanne, fille de Dieu, conduisez-nous à l'union parfaite, à l'espérance et à la victoire».

Nous redirons donc avec son Eminence Mgr Mermillod : « La France reste le cœur de l'Eglise ; on n'a pas à craindre de la voir manquer à sa mission, au jour marqué par Dieu ; l'Eglise retrouvera sa fille ainée ».

Nous terminons notre travail par ces paroles, dont le sens est tiré de Fénélon, paroles que nous avons citées, en parlant de la guerre, et dans lesquelles le digne et pieux archevêque de Cambrai exprime la gradation de la vraie charité :

Nous devons aimer nous-mêmes plus qu'un autre individu. Nous devons aimer notre famille plus que nous-mêmes.

Nous devons aimer notre Patrie plus que notre famille et nous-mêmes. Nous devons aimer l'humanité plus que notre Patrie.

Et nous devons aimer Dieu ou son Eglise, qui est le règne de Dieu sur la terre, au-dessus de toutes choses.

Par conséquent, nous devons rendre le bien d'autrui et réparer le tort fait au prochain.

APPENDICE

LES GUERRES PAIENNES ET LES GUERRES CHRÉTIEN-
NES. — LE RÈGNE DE JÉSUS-CHRIST, LE PRINCE DE
LA PAIX ET LE DIEU DES ARMÉES, DANS LE TERRIBLE
FLÉAU DE LA GUERRE. — APPEL A SON ESPRIT.

Dans nos temps malheureux d'apostasie morale,
nous regardons comme un *devoir capital* de rendre
les esprits attentifs sur la *nécessité de la guerre*, sur
les *conditions d'une guerre juste*, sur l'*injustice des
guerres païennes*, sur les *bienfaits de la guerre
entre les mains de la Providence*, qui sait du mal
tirer le bien ; *sur les modifications et les règles* de
la guerre introduites par le Christianisme.

CHAPITRE PREMIER

.

NÉCESSITÉ DE LA GUERRE DANS L'ÉTAT PRÉSENT DE L'HUMANITÉ

L'homme, créé à l'image et à la ressemblance divine, est spécialement recommandé, dès son origine, aux soins et à l'amour de ses semblables (1). *Croissez et multipliez-vous* (2). *Quiconque répandra le sang humain, que son sang soit répandu* (3). Avec la déviation primitive, le désordre entra dans le monde. L'équilibre est rompu en nous et hors de nous ; l'accord des diverses puissances de l'âme, contenues et réglées par la vertu de la justice originelle, n'existe plus (4). Chaque passion, dont les deux principales sont, selon Aristote (5), *l'irascible* et *le concupiscible*, c'est-à-dire, *l'orgueil* et *la cupidité*, suivit son mouvement propre. S'élever intérieurement et extérieurement au-dessus de ses semblables, telle fut la pente naturelle de l'homme. Sous l'instinct de

(1) Mandavit illis unicuique de proximo suo. Eccl., c. XVII, 12.
(2) Gen., c. I, 28.
(3) Gen., c. IV, v. 13.
(4) Soluto vinculo originali, sub quo, quodam ordine, omnes virtutes animæ continebantur : unaquæque vis animæ tendit in suum proprium motum. *Summ.*, [. II, q. 82, art. 4, ad primum.
(5) *De Pol.*

notre nature viciée, le droit du plus fort prévalut, et *la guerre naquit du jeu et de la lutte de nos intérêts opposés*. Si la nature nous a faits pour vivre en frères, dans l'harmonie d'une seule et même société, le vice fut le dissolvant de cette unité (1).

Lorsque l'individu est attaqué dans sa vie, dans ses biens ou dans son honneur, il recourt, pour se défendre et soutenir ses droits lésés, aux tribunaux et à la justice organisée. Il trouve là un protecteur-né, armé de la loi, laquelle de sa nature est indépendante, impartiale, supérieure à toutes les influences, à tous les intérêts privés, et environnée d'une force suffisante pour se faire obéir. Mais un être collectif ne peut pas toujours implorer un tribunal assez fort pour imposer ses décisions. Dans le moyen-âge, les Papes remplissaient le rôle de méditateurs chez les peuples chrétiens et arrêtaient toujours l'effusion du sang, au profit de l'humanité. C'était là un des plus grands services de la Papauté.

Dans les temps modernes, on a inventé en vain la diplomatie, pour remplacer le tribunal moral de l'Eglise et de la Papauté. Si la diplomatie a rendu quelques services aux Etats comme aux souverains, elle est impuissante à empêcher le déchaînement des mesures guerrières, parce qu'elle manque de moyens coërcitifs. Il ne reste aujourd'hui, la plupart du temps, comme dans l'antiquité païenne, aux nations devenues infidèles, que le droit de la force.

C'est pourquoi on l'a dit : « Le canon est, trop souvent, la dernière raison des rois et des Etats. »

_____

(1) Nihil quam hoc genus (humanum) tam discordiosum vitio, tam sociale naturâ. *Civ. Dei*, l. XII, c. 27.

En conséquence, par le principe de juste défense, la guerre devient malheureusement nécessaire pour un peuple, obligé de soutenir son honneur, son indépendance et sa liberté.

C'est pourquoi, un long sillon de sang rougit chaque page de l'histoire du genre humain, et ce n'est qu'à travers le meurtre et le carnage qu'on peut étudier les mœurs des peuples et des nations. Que les philosophes, les poètes et les orateurs fassent des portraits affreux du terrible fléau qu'on nomme la guerre ; qu'ils nous montrent *la mort* avec toutes ses affres, son cortège ordinaire, *la famine* avec toutes ces tortures qui l'accompagne, *la peste* avec tous ses ravages qui la suit ; qu'ils nous attendrissent par les cris de l'enfant arraché du sein de sa mère, de la sœur égorgée ou souillée sur le cadavre du frère, du fils immolé pour la défense du père ; qu'ils nous dépeignent, sous les plus sombres couleurs, les provinces ravagées, les villes, les villages et les métairies incendiées, toutes les campagnes désolées par le fer et le feu, n'offrant que le spectacle d'une horrible boucherie ou d'une vaste solitude ; que Napoléon lui-même, après la bataille d'Eylau, à la vue d'une plaine glacée, de milliers de morts et de mourants, cruellement mutilés, de milliers de chevaux abattus, d'une innombrable quantité de canons démontés, de voitures brisées, de projectiles épars, de hameaux enflammés, tout cela se détachant sur un fond de neige, s'écrie : « Que ce spectacle est fait pour inspirer aux princes l'amour de la paix et l'horreur de la guerre ! (1). » Que les amis de la paix universelle

(1) Thiers, *Hist. du Consulat et de l'Empire.*

9

s'assemblent en congrès, répétent et pérorent sur tous les tons et dans toutes les langues : « La guerre nous ravale au-dessous de la brute, qui n'attaque et ne dévore pas son espèce ; elle est contraire aux progrès de l'agriculture. » Que tous s'exclament avec le tendre Fénelon : « Quelle fureur aveugle pousse les malheureux mortels? Ils ont si peu de jours à vivre sur la terre, et ces jours sont si misérables ! Pourquoi précipiter une mort déjà si prochaine ? Les hommes sont tous frères et ils s'entredéchirent ! Les bêtes farouches sont moins cruelles qu'eux. Les lions ne font pas la guerre aux lions, ni les tigres aux tigres : ils n'attaquent que les animaux d'espèce différente. L'homme seul, malgré sa raison, fait ce que les animaux sans raison ne firent jamais (1). »

Malheureusement, la guerre *est un fait constant et universel :* « Qu'on remonte jusqu'au berceau des nations, qu'on descende jusqu'à nos jours, qu'on examine les peuples dans toutes les positions possibles, depuis l'état de barbarie jusqu'à celui de civilisation la plus raffinée, toujours on trouvera la guerre. L'effusion du sang humain n'est jamais suspendue dans l'univers ; tantôt elle est moins forte sur une plus grande surface et tantôt plus abondante, sur une surface moins étendue. Mais, de temps en temps, il arrive des événements extraordinaires qui l'augmentent prodigieusement.... La guerre sévit sans interruption, comme une fièvre continue marquée par d'effroyables redoublements (2). »

(1) Télém. l. XIII.
(2) De Maistre. *Considérat. sur la France.*

Ces paroles du comte de Maistre s'accordent parfaitement avec ce que La Bruyère avait déjà dit :
« La guerre a pour elle l'antiquité. Elle a été dans
tous les siècles. On l'a toujours vue remplir le monde
de veuves et d'orphelins, épuiser les familles d'héri-
tiers et faire périr les frères à une même bataille. De
tout temps, les hommes, pour quelques morceaux
de terre de plus ou de moins, sont convenus entre
eux de se dépouiller, se brûler, se tuer, s'égorger les
uns les autres ; et pour le faire plus ingénieusement
et avec plus de sûreté, ils ont inventé les belles règles
qu'on appelle l'art militaire ; ils ont attaché à ces
règles la gloire ou la plus solide réputation, et ils
ont depuis enchéri de siècle en siècle sur la manière
de se détruire réciproquement. »

Le premier âge du monde a péri violemment, à
raison de l'injustice qui y régnait et des guerres
sanglantes qui le souillaient (1). La guerre a été faite
par les bons princes comme par les méchants, dans
le paganisme, ainsi que sous la loi ancienne et dans
le christianisme. Abraham, le père des croyants, est
forcé à la guerre et est béni de Dieu (2).

Dans la législation de Moïse, la guerre devint une
institution politique et nationale. Dieu laissa même
subsister, dit le texte sacré, « des races hostiles au
milieu des terres qu'il avait données à son peuple, afin
que leurs enfants, qui n'avaient pas connu les guerres contre les Chananéens, apprissent à se mesurer
contre l'ennemi et ne perdissent point l'habitude du

(1) Gigantes... scientes bellum. Baruc, c. III, 26.
(2) Gen., c. XXIV.

combat (1). » David, ce roi si plein de mansuétude, fut, durant sa vie, presque toujours en guerre. Sous son règne, deux cents hommes de la tribu d'Issachar étaient chargés d'enseigner Israël à tirer de l'arc (2), et de lui apprendre le métier de la guerre (3). Afin d'entretenir l'émulation, il avait établi des titres honorifiques, et les actions d'éclat étaient marquées dans des registres publics (4). Il chantait lui-même sa science militaire, dont il rapportait la gloire au Seigneur (5).

Durant la paix profonde du règne de Salomon, les exercices militaires demeuraient en honneur et deux cent cinquante chefs instruisaient l'armée (6). Tous les princes de la maison de David imitèrent plus ou moins les exemples de leurs illustres ancêtres. C'est pourquoi, l'histoire du peuple de Dieu compte un grand nombre de héros, Josué, Jephté, Gédéon, Saül, Joab, Abisaï, Abner, Amasa, Josaphat. Ozias, Ezéchias, Judas Machabée avec ses frères, Jonathas, Simon, Jean Hircan, et tant d'autres. Tous ces chefs de peuples ou d'armées n'étaient pas des guerriers ordinaires. L'Ecriture nous montre même des héroïnes, telles que Débora, Jahel et Judith.

Dans l'Evangile, nous trouvons également la

(1) Jug., c. III, 1-2.
(2) II Reg., I, 18.
(3) I Paral., c. XII.
(4) II Par., XVIII, 11.
(5) Ps. XIII. Benedictus Dominus, Deus meus, qui docet manus meas ad prælium et digitos meos ad bellum.
(6) II Paral., c. VIII, 10.

guerre autorisée. Saint Jean-Baptiste trace aux soldats leurs devoirs : « Abstenez-vous de toute violence et de toute fraude, et contentez-vous de votre
paye (1) ». C'est pourquoi saint Augustin dit :
« Chez les véritables adorateurs de Dieu, ces guerres ne sont pas des péchés, qui ne se font pas par
cupidité ou cruauté, mais par le désir de la paix,
afin d'arrêter les méchants et d'encourager les
bons (2) ». Qui ignore, d'ailleurs, que le Dieu des
chrétiens s'appelle le Dieu des armées : *Deus exer-
cituum*, et qu'il y a une grande analogie entre le
prêtre et le soldat ? Tous les deux suivent une dis-
cipline sévère, renoncent aux douceurs de la famille,
sont soumis à une vie dépendante et mobile. Tous
les deux défendent et soutiennent les deux bases de
la société : le prêtre, l'*ordre moral*, et le soldat,
l'*ordre matériel*. L'Eglise même, dans le moyen-âge,
a sanctionné des institutions militaires et possédé
des moines guerriers. Les chevaliers du Temple,
de Saint-Jean-de-Jérusalem, de l'ordre Teutonique,
de Calatrava, de Saint-Raymond, défendaient l'étendard de la Croix contre le Croissant du faux prophète : « Plus doux que les agneaux, plus courageux
que les lions (3) », ils formaient une Croisade permanente pour assurer, chaque jour et chaque ins-
tant, l'indépendance de l'Europe, conquérir aux

(1) Luc, c. III, 14.
(2) Apud veros Dei cultores etiam illa bella peccata non
sunt, quæ non cupiditate aut crudelitate, sed pacis studio
operantur, ut mali coerceantur et boni subleventur. Aug.
Sup. Josué. *Summ*., q. 10.
(3) Saint Bernard.

peuples chrétiens une prépondérance décidée sur les Musulmans : bienfait dont on ne saurait être assez reconnaissant envers l'Eglise.

Dans la civilisation païenne, la guerre fut l'état habituel de la société. On fixe la clôture du temple de Janus sous Auguste. Assyriens, Perses, Grecs, Carthaginois, Romains ont continuellement bataillé avec tel ou tel prince, jusqu'à la ruine et l'anéantissement de l'un des belligérants.

Sævit toto Mars impius orbe (1).

(1) *Géorg.*, l. II.

CHAPITRE II

Ainsi, tous les Etats, grands ou petits, civilisés ou
barbares, ont fait la guerre. Mais, en dehors de cette
nécessité fondée sur le triste jeu de nos passions, la
guerre grandit, aux yeux d'un homme de foi; elle
sort de l'ordre naturel, pour entrer dans l'ordre moral. Et elle devient *un châtiment, une expiation
et même un moyen de civilisation entre les mains
de la Providence, qui sait du mal tirer le bien.*

Le moraliste admet que le grand criminel reçoit
souvent dans ce monde la peine due à ses crimes.
La justice de Dieu le frappe quelquefois ici-bas
exemplairement, afin d'inspirer la terreur à ceux qui
seraient tentés de l'imiter. Ainsi, au rapport des
historiens, la colère divine atteignit visiblement Na-
buchodonosor, Antiochus, Sylla, Tibère, Néron,
Julien l'Apostat, etc. Souvent aussi, Dieu, qui est
éternel et pour qui mille ans ne sont que comme le
jour d'hier, tanquam hesterna dies, laisse au mé-
chant un long cours de prospérités et se réserve,

pour le châtier, l'Eternité, quoiqu'il le punisse toujours sur la terre, non seulement par le remords, ce
ver naturel du crime, mais dans ce qui fait, avec le
coupable, une personne morale, dans sa famille et
ses œuvres. Etant à la fois mortel et immortel, le
coupable paie toujours, tôt ou tard, ses dettes à la
justice du Très-Haut.

Quant aux peuples, comme ils n'ont qu'une existence temporaire, et que, sujets du temps, ils
dépendent du temps, Dieu les punit ou les récompense toujours dans ce monde : paix, tranquillité, indépendance nationale, abondance, liberté
réglée, santé publique, voilà les récompenses
d'une nation fidèle à sa mission. Troubles, oppres-
sions, perte de la liberté, peste, famine, guerre,
voilà les divers châtiments par lesquels Dieu visite
un Etat sorti de ses voies légitimes. L'Ecriture nous
dit : *La justice élève les nations et les rend pros-
pères* (1). *L'iniquité en est la ruine* (2).

En admettant ce principe basé sur l'ordre moral,
la guerre devient *un châtiment, une expiation, une
espèce de sacrifice propitiatoire,* pour les iniquités
des nations. Elle repose sur le même dogme
que le christianisme, *sur le mystère de la Rédemption, sur la chute originelle et sur la reversi-
bilité de la douleur, payée par l'innocent,
au profit du coupable.* C'est une espèce de Rédemption. Qu'on ne nous parle pas de tant de
sang innocemment versé dans la guerre. Si elle
n'immolait point de saintes victimes, elle ne serait

(1) Justitia elevat gentes. *Prov.,* c. XIV, 34.
(2) Iniquitas ejus finem dabit ei. *Tobie,* c. XVI.

point satisfactoire : caractère qui lui est essentiel.
Si le sang innocent de l'Homme-Dieu sur le Golgo-
tha a été la rançon de l'humanité entière, le sang
innocent partiellement versé par la guerre, sur tel
point du globe, est un cri de miséricorde vers le
ciel pour les forfaits d'une nation. Et qu'on le remarque bien, c'est toujours le parti où il tombe le
plus grand nombre de victimes qui finit, non immédiatement, mais tôt ou tard, par l'emporter. L'histoire des sept frères Machabées et de leur mère,
l'histoire des martyrs de l'Eglise, l'histoire du peuple de Dieu tout entière et l'histoire de nos révolutions, nous attestent cette vérité (1).

Le paganisme même admettait une vertu expiatrice dans la guerre. Le dévouement de Décius était
regardé par les historiens, comme ayant amené la
fin de la colère des Dieux (2). C'est en vertu de cette
croyance que les Syriens, les Grecs, les Romains,
les Carthaginois et tant d'autres, dans les désastres
publics, répandaient, en l'honneur de leurs divinités,
le sang pur de leurs vierges et de leurs enfants. « La
beauté d'Hélène, dit Euripide, ne fut qu'un instrument dont les dieux se servirent pour mettre aux
prises les Grecs et les Troyens et faire couler leur

(1) In servis suis consolabitur. In me et in fratribus meis
desinet omnipotentis ira, quæ super omne genus nostrum
justé superducta est. II *Mach.*, c. VII, 6, et 6,58.
Monseigneur Affre, tombant victime de sa charité, aux
journées de Juin, en s'écriant : « Que mon sang soit le dernier versé par des mains fratricides ! » contribua peut-être
plus que les soldats de Cavaignac, au triomphe du parti de
l'ordre.
(2) Decius placulum omnis Deorum iræ. *Tite-Live.*

sang, *afin d'étancher sur la terre l'iniquité des hommes* (1) ».

> C'est le courroux des rois qui fait armer la terre,
> C'est le courroux des Dieux qui fait armer les rois.

Certains crimes ont attiré, en tout temps, le fléau de la guerre. On dirait qu'ils ne sauraient être expiés que dans le sang et par le sang. Tous les attentats qui attaquent directement les bases de la société sont de cette nature. *La persécution de la vraie Religion ou du Saint-Siège, la révolte contre la souveraineté légitime, la violation du droit des gens, des outrages faits par l'autorité à la morale publique,* ont été en tout temps punis par la guerre, ou civile ou étrangère. L'enlèvement des Hélène, des Sabines, ou le viol de Lucrèce, de Virginie, etc., ont partout provoqué le fléau de la guerre. C'est une loi du monde moral qui souffre très peu d'exceptions. La guerre est donc un châtiment de la miséricorde divine, pour ramener les peuples coupables. « Toute victoire, dit saint Augustin, gagnée par un secret jugement de Dieu, humilie les vaincus, corrige ou châtie les péchés des hommes (2) ».

Lorsque les nations sont devenues incorrigibles, que la mesure de leurs crimes est pleine, Dieu les punit sans retour. Nous voyons cette vérité clairement révélée dans l'Ecriture. Dieu dévoue à l'extermination sept peuples de Chanaan ; il défend de traiter avec eux. Saül est puni sans miséricorde, pour

---

(1) *Tragédie.*
(2) *Civ. Dei*, l. XIX, c. 13. Omnis victoria divino judicio victum humiliat vel emendans peccata vel puniens.

avoir épargné, contrairement à cette défense, les Amalécites, ces peuples maudits de Dieu. Et pourquoi cette sentence de mort prononcée contre des races entières ? Le Livre de la Sagesse nous l'apprend : « Seigneur, vous les aviez en horreur, parce leurs actions étaient odieuses et leurs sacrifices exécrables. Ces peuples immolaient *leurs propres enfants* à leurs dieux ; ils n'épargnaient *ni leurs hôtes, ni leurs amis*, et vous les avez perdus par la main de nos ancêtres, parce que leur malice *était naturelle et incorrigible* (1). »

Avant de venir à cette extrémité, Dieu avait patienté quatre cents ans (2). Il voulait par là montrer qu'arbitre de l'Univers, il fait tout avec justice, et que plus il est puissant, plus il aime à pardonner (3). Antérieurement à la conquête du pays de Chanaan, Dieu avait livré au sang d'Abraham, aux Moabites, aux Ammonites, aux enfants d'Esaü et à ceux de Loth, les contrées occupées par des géants sanguinaires, injustes, violents, oppresseurs (4).

La guerre renfermant donc, avec son cortège de douleurs, une vertu *expiatrice* et appartenant à l'ordre surnaturel, a été pour cette raison, en tout temps et chez tous les peuples, environnée *de cérémonies religieuses*. Pour la commencer comme pour la finir, on a imploré ou remercié la divinité. Dans le paganisme, la guerre eut ses grands dieux, Mars et Bellone, avec leurs temples, leurs autels et leurs

(1) Sap., c. XII, 3.
(2) Gen., c. XV, 18.
(3) Sap., c. XXII. 15.
(4) II Paral., c. XX, 19.

prêtres. Dans la loi mosaïque, les lévites devaient suivre l'armée pour animer les combattants et sanctifier le combat, *Sanctificate bellum*. Le Dieu des chrétiens étant le Dieu des armées, a également ses pontifes pour bénir les armes et le remercier de la victoire. Si la guerre est un châtiment, une expiation, la Providence, qui sait du mal tirer le bien, la fait souvent *servir d'instrument de civilisation et. de miséricorde*.

Par les efforts extraordinaires que nécessite la guerre, par le contact où elle met les divers peuples, il se fait comme un échange d'idées, de sentiments et de lumières qui profitent aux deux partis belligérants. Les usages barbares tombent, les mœurs se policent, les arts se perfectionnent, le commerce s'étend. La défaite profite quelquefois aux vaincus ; ils reçoivent d'un vainqueur généreux des lois plus douces et plus conformes aux droits de l'humanité. Alexandre défendit aux Bactriens de donner leurs vieux parents à manger à de grands chiens (1). Les Siciliens vainqueurs abolirent pour quelque temps chez les Carthaginois l'usage des victimes humaines. Les Grecs, subjugués par les Romains, gagnèrent, à leur tour, les vainqueurs à leurs arts et à leurs sciences.

Les Romains, de leur côté, portèrent leur civilisation dans toutes les contrées qu'ils soumirent à leur joug. Malgré les actes de cruauté qui accompagnaient leurs conquêtes, on peut cependant dire d'eux avec Bossuet : « Ce n'étaient pas de ces conquérants brutaux et avares qui ne respirèrent que le

(1) Strab., 1, 2.

pillage ou qui établirent la domination sur la ruine des pays vaincus. Les Romains rendaient meilleurs tous ceux qu'ils prenaient, en y faisant fleurir la justice, l'agriculture, le commerce, les arts même et les sciences, après qu'ils les eurent une fois goûtés. C'est ce qui leur a donné l'empire le plus florissant et le mieux établi, aussi bien que le plus étendu qui fut jamais (1). »

Dans le christianisme en général, surtout parmi les nations catholiques, la guerre a toujours pour résultat final la propagation de la foi, dans les contrées infidèles, c'est-à-dire, l'introduction de la véritable lumière, et par elle et avec elle, tous les bienfaits de la vraie civilisation. Certes, l'Algérie a gagné à la conquête de la France, et l'heureuse guerre de la Chine faite par les armées françaises et anglaises portera l'Evangile dans le Céleste-Empire, ainsi que dans toutes les contrées de l'extrême Orient. La guerre du Schlesvig-Holstein faite par les armées austro-prussiennes a brisé, dans l'Europe, la barrière que le protestantisme posa, contre la conscience et la liberté catholique.

La guerre civile des Etats-Unis a contribué à rendre plus efficace et plus manifeste l'action du catholicisme. On sait que les armées du Nord et du Sud, composées de protestants et de catholiques, avaient dans leurs rangs des aumôniers appartenant aux deux cultes. Les uns et les autres se sont donc trouvés en présence. Or, Dieu a permis, dans l'intérêt de sa gloire, que les yeux les moins clairvoyants

---

(1) III⁰ part., c. VI. *Discours sur l'Hist. univ.*

fussent frappés du saisissant contraste que présentaient l'attitude des prêtres catholiques et celle des chapelains protestants. Le major-général Butler, protestant, a solennellement proclamé la différence. Grâce à l'action et à la charité du prêtre et de la vierge catholique, bien des préjugés sont tombés et des âmes sauvées.

Nous dirons donc avec Mgr Dupanloup, dans son éloge funèbre du général Lamoricière : « N'attendez pas d'un évêque qu'il admire l'armée et la guerre comme un soldat aime le cheval et la poudre. Non ! en face de Dieu qui versa son sang pour réconcilier les hommes, je déplore ce mystère douloureux de la guerre, et je prie chaque jour, afin qu'elle soit évitée, supprimée même s'il se peut... Mais qui donc, en déplorant la guerre, n'admire pas l'armée ? La vertu du soldat, le génie du chef, la justice, la grandeur de la lutte, voilà ce qu'on admire. Ne me parlez pas de l'horreur sublime de la canonnade et des prodiges de violence armée; n'espérez pas m'arracher un applaudissement pour le carnage. Mais, dites-moi que ce pauvre paysan a donné son fils sans murmurer, que cet enfant a quitté son hameau pour traverser les mers, qu'il a marché jour et nuit, obéissant, silencieux et gai, pour attaquer une redoute sans nom, et que là sous le feu, pour sauver un ruban d'étoffe, teint aux couleurs nationales et qui rappelle le drapeau de la France, il s'est fait hacher dans un fossé, ou qu'échappé à la mort, il est revenu, sans récompense, reprendre au sillon paternel la charrue et la bêche. Ah ! cela, je l'admire; cela est de l'héroïsme, ou je ne m'y connais pas.

Dites-moi qu'au milieu de la mitraille, le général,
conservant son sang-froid, a conduit les hommes
à l'assaut avec le coup-d'œil sûr et pénétrant qui
fait vaincre dans les batailles et déployer toutes les
ressources de l'esprit le plus libre et du caractère le
plus intrépide, face à face avec la mort ! Dites-moi
que les armées ne pillent plus, ne répandent plus la
haine et la vengeance, qu'elles respectent l'ennemi,
le blessé, la terre étrangère. Dites-moi que cette
guerre ne met pas aux prises des nations chrétiennes, mais qu'elle étend au loin la civilisation et fait
reculer la barbarie. Oh ! alors, j'invoque avec confiance le Dieu des armées... Allez, bataillons français, planter la croix à Hippone, chanter le *Te Deum*
à Pékin, délivrer la Syrie et rendre Constantinople
à Jésus-Christ. Mon patriotisme enthousiaste salue
ce paysan obcur, ce général habile, cette guerre
juste, cette armée moderne, parce que j'aime le
sacrifice, le génie, le progrès et la France ».

Le comte de Maistre dit très-bien à ce sujet :
« Lorsque l'âme humaine a perdu son ressort par la
mollesse, l'incrédulité et les vices gangrénés, elle ne
peut se retremper que dans le sang. Le sang humain
peut être considéré comme un arbre qu'une main
invisible taille sans relâche et qui gagne souvent à
cette opération. Or, en suivant toujours la même
comparaison, on peut observer que le jardinier habile
dirige moins la taille à la végétation absolue qu'à la
fructification de l'arbre. Ce sont des fruits, et non du
bois et non des feuilles, qu'il demande à la plante.
Or, les véritables fruits de la nature humaine, les
arts et les sciences, les grandes entreprises, les

hautes conceptions, les vertus mâles tiennent surtout à l'état de guerre. On sait que les nations ne parviennent jamais au plus haut point de grandeur dont elles sont susceptibles, qu'après de longues et sanglantes guerres (1). »

Le christianisme ne se sert de l'épée que pour faire dominer l'empire de la croix et de la charrue : *Ense, Cruce, Aratro.*

Pour tous ces motifs, la société chrétienne a fait la guerre, comme la civilisation ancienne et païenne, mais dans des vues différentes.

(1) *Considérations sur la France.*

CHAPITRE III

La guerre étant nécessaire et entrant dans le plan
de la Providence, doit avoir ses conditions et ses
règles, comme tout ce que Dieu autorise. Or, quelles
sont les lois universellement admises qui règlent ce
terrible fléau ? La nature même les indique. Ici nous
ne sommes que les échos des pensées et même des
expressions de Fénelon :

« *Aimer chaque chose, selon la dignité de sa*
nature, est la loi universelle, éternelle et immuable
de toutes les intelligences, et c'est de cette loi que
découlent toutes les autres lois et toutes les autres
vertus, soit divines, soit humaines, soit civiles,
soit morales. »

« En conséquence, nous devons songer plus immédiatement à notre propre conservation, qu'à celle
d'aucun autre homme particulier comme nous. Nous
devons plus à notre famille propre, qu'à une autre
famille étrangère. Nous devons plus à notre Patrie,
dans le sein de laquelle nous avons été instruits,
élevés et protégés pendant notre enfance, qu'à une
autre société particulière d'hommes que nous n'avons
jamais vus. Toutes choses égales, nous devons plus

au particulier dont nous sommes immédiatement
chargés par la nature ou la Providence, qu'au particulier auquel nous n'avons aucun rapport. Mais
quand il s'agit du bien particulier comparé avec le
bien général, il faut toujours préférer le second au
premier. Il n'est pas permis de se conserver en rui-
nant sa famille, ni d'agrandir sa famille en perdant
sa Patrie, ni de chercher la gloire de sa Patrie, en
violant les droits de l'humanité. C'est sur ce principe
qu'est fondé ce qu'on appelle *le droit des gens et la
loi des nations*. Comme les sujets de chaque Etat
doivent être soumis aux lois de leur Patrie, quoique
ces lois soient quelquefois contraires à leur intérêt
particulier, de même chaque nation séparée doit
respecter les lois de la Patrie commune, qui sont
celles de la nature et des nations, au préjudice de
son intérêt propre et de son agrandissement. Sans
cela, il n'y aurait pas de différence entre les guerres
justes et les injustes : les conquérants les plus am-
bitieux pourraient usurper les domaines de leurs
voisins, et les Etats qui auraient le plus de force
seraient en droit de faire ce qu'ils font souvent contre
toute loi et toute justice. Quelle différence entre ces
idées et celles qui nous enseignent que l'Univers n'est
qu'une même république, gouvernée par un Père
commun ; que les rois de la terre sont soumis à la
même loi générale que les particuliers de chaque
Etat ; que cette Loi éternelle, immuable, inviolable,
est de préférer toujours le bien général au bien particulier ! :

« Ce serait une chose monstrueuse de se préférer
à toute sa famille, sa famille à toute sa Patrie, sa
Patrie à tout le genre humain. Car l'amour raison-

sonnable, se réglant toujours sur le dégré de perfec-
tion et d'excellence de chaque objet, commence par
l'universel et descend par gradation au particulier.
Au contraire, le soin qu'il faut avoir de faire remplir à chacun les devoirs de cette loi éternelle, doit
commencer au particulier et remonter au général » (1).

De ces considérations de Fénelon fondées, sur le
bon sens et la raison, nous devons tirer les principes
suivants :

Il faut aimer Dieu plus que l'humanité,

L'humanité plus que la Patrie,

La Patrie plus que la famille,

Et la famille plus que soi.

De là une guerre n'est juste que lorsqu'elle est
faite dans l'intérêt d'une cause universelle, pour
défendre soit *la Religion* ou *l'Eglise* qui représente
Dieu, soit *le droit des gens* qui représente
l'humanité, soit *la Patrie*, lorsque celle-ci est attaquée
dans son honneur, dans ses biens ou dans son indépendance.

De ce principe qui fonde la justice d'une guerre
sur l'intérêt public, circonscrit par l'équité naturelle,
découlent trois conséquences :

1º *Le souverain d'un Etat ou son mandataire
peut seul légitimement déclarer la guerre, parce
qu'il est seul le gérant de l'intérêt public.*

2º *On ne doit se résoudre à la guerre que sous
l'empire d'un motif grave; sans quoi on nuirait au
bien général, plutôt qu'on ne le procurerait.*

3º *Le souverain qui fait la guerre doit être animé
d'une intention droite, c'est-à-dire, n'avoir en vue*

(1) **Fénelon,** *Essai philosophique sur le gouvernement civil.*

que l'avantage de la communauté et non la satisfaction d'une passion particulière.

Ainsi, jamais on ne doit entreprendre la guerre *ni par ambition, ni par jalousie, ni par amour de la vaine gloire, ni par esprit de conquête.* Dans tous ces mobiles, vous trouvez la passion particulière et non l'expression de l'intérêt commun. De là, la définition d'une juste guerre par saint Thomas : *Une guerre juste a pour but de venger, sur une nation agressive ou sur une cité entreprenante, l'injustice soufferte et la réparation refusée* (1).

(1) Justa bella solent definiri quæ ulciscuntur injurias, si gens vel civitas plectenda est quæ vel vindicare neglexerit quod a suis improbè factum est, vel reddere quod per injuriam ablatum est. *Summ.*, I, q. 10.

CHAPITRE IV

L'esprit *de cupidité et d'ambition* inspira les guerres païennes. St Augustin avait raison de proclamer que les *guerres du paganisme* sont l'œuvre d'une passion particulière de la cupidité des princes ou des généraux. *Bella cupiditate geruntur* (1).

Que dirons-nous de ces exterminations en masses qui accompagnaient et suivaient la victoire ! Des peuples entiers disparaissaient ou étaient réduits en servitude, contre tous les droits de l'humanité.

Les Égyptiens opprimèrent, sous un joug de fer, les descendants de Jacob : les Thraces, réduisirent en esclavage les Pénestes ; les Lacédémoniens, les Ilotes ; les Romains, les Samnites. Qui a retenu, pour les répéter à la postérité, les gémissements de tant de millions de créatures humaines dégradées, quant au corps et quant à l'âme ? Partout on suivait la maxime favorite de la force brutale :

Parcere subjectis, humiliare superbos. Le tendre Germanicus, combattant contre Arminius, le

_____

(1) *St Aug. ad Bonifacium.*

héros de la Germanie antique, crie lui-même à ses soldats ivres de fureur après la victoire : « Point de quartier, ni de prisonniers. Pour finir la guerre, il faut exterminer la nation tout entière (1) ». C'est pourquoi, Sénèque lui-même jette ces accents d'indignation sur le crime glorieux de ces massacres, fruits lamentables de la guerre; « il s'écrie : ni l'avarice ni la cruauté ne connaissent aucune mesure, des sénatus-consultes comme les plébiscites sont des fabriques d'horreurs (2). »

Dans l'antiquité, on ne soupçonnait même pas le service des ambulances, ni la nécessité d'épargner les prisonniers, les blessés, les femmes et les enfants.

Voilà pourquoi la guerre était partout si sanglante.

Chez les peuples civilisés de l'antiquité païenne, la *cupidité* et l'*ambition* formaient deux gouffres et deux abîmes sans fond, où tout se perdait et où l'on entassait en vain des provinces et des royaumes, sans en pouvoir remplir le vide. La guerre ne se faisait pas pour arriver à la paix, fin et bonheur des sociétés. *Intentione pacis, bella geruntur. Bellum geritur ut pax acquiratur* (3). La guerre était un besoin social, l'état habituel de l'humanité. L'histoire ancienne nous offre le triste spectacle d'une lutte continuelle du fort contre le faible, jusqu'à ce que celui-ci fût anéanti. La monarchie assyrienne, formée des peuples soumis par la force, tomba sous les coups de la monarchie persane. Celle-ci croula sous les assauts de l'empire Grec.

(1) Tac. ann. l. II, 21.
(2) Ep. 95.
(3) *S. Aug. Civ. Dei*, c. XII.

Et tous les trois furent engloutis par l'empire Romain, qui, ne souffrant ni obstacle ni rival, sombra sous le marteau des barbares.

On ne peut lire sans horreur tous les maux qu'entraînait la guerre dans l'antiquité.

Ravager le pays ennemi, couper les arbres fruitiers, brûler les moissons, les hameaux, les villages et les cités, confisquer les biens, massacrer ou enlever, comme de vils troupeaux, hommes, femmes, enfants, détendre tous les liens de la famille, séparer la fille de la mère, le fils du père, trier les mieux faits pour la servitude personnelle et la débauche, vendre les autres à l'encan pour l'esclavage, ou les transporter comme colons dans d'autres contrées qu'ils devaient féconder, au prix de leurs sueurs et au profit d'un maître sans entrailles, ou les destiner à combattre dans l'arène, en qualité de gladiateurs, ainsi que cela se pratiquait, dans les derniers temps, chez les Romains, tels étoient les maux ordinaires de la guerre; mais ce qui était plus horrible encore que l'enlèvement des biens, que la perte de la liberté ou la mort, c'était de se voir souvent mutiler tout vivant, de perdre un à un les plus nobles membres du corps, afin de devenir le jouet et la risée d'un barbare vainqueur, comme nous le lisons dans l'histoire de Samson.

CHAPITRE V

MODIFICATIONS INTRODUITES PAR LE CHRISTIANISME DANS LE TERRIBLE FLÉAU DE LA GUERRE !

Jésus-Christ a annoncé que sa Croix aura la vertu de tout purifier, et surtout de diminuer le poids des maux qui accablent la nature humaine (1). Il a diminué et sanctifié la douleur ; par conséquent, il a rendu plus tolérables les maux inhérents au terrible fléau de la guerre. C'est pourquoi, dans le christianisme, la guerre est devenue :

Plus juste dans ses motifs ;

Plus modérée dans ses moyens, que sous la civilisation païenne.

Plus juste dans ses motifs.

Nous l'avons dit, l'*ambition* était une des vertus du paganisme, et la *piraterie*, qui est la cupidité mise en pratique ou le pillage organisé, se trouvait en honneur chez tous les peuples connus : Germains, Grecs, Romains. Aujourd'hui, encore la piraterie existe en Chine, en Afrique, chez tous les peuples privés des lumières de l'Evangile. Qu'on lise Homère, Thucydide, Hérodote, ainsi que la littérature

(1) Quando exaltatus fuero, omnia traham ad me ipsum. Venite ad me omnes qui laboratis, et ego reficiam vos.

indienne ou chinoise, et on y trouvera justifiée la
surexcitation donnée à la passion de se faire un nom
et de s'enrichir par les armes. De là, le mépris de la
vie humaine et les aventures si célèbres d'un Her-
cule, d'un Thésée, des Argonautes et de tant d'autres
héros du paganisme, jusqu'aux grands rebelles de la
Chine. Le christianisme, à mesure qu'il gagna du terrain, fit pénétrer dans les mœurs ces maximes fonda-
mentales, pivot et fondement des sociétés modernes :

Respect à la vie humaine ;

Respect à la propriété ;

Respect à la pudeur des femmes :

Respect à l'esprit de nationalité ; et comme
conséquences nécessaires du principe chrétien, la
guerre devint :

Moins fréquente.

Il y eut :

*Solidarité entre les gouvernements, tant qu'ils
restèrent chrétiens.*

Énoncer ces idées, c'est les prouver par tout le
passé de l'Europe chrétienne. Elles ont été spécialement réalisées au moyen-âge, malgré les luttes
fréquentes des seigneurs de la féodalité.

L'antiquité ignorait l'homme : elle subordon-
nait entièrement l'individu à l'idée abstraite de la
Patrie. Elle ne connaissait que le citoyen, qui
jouissait exclusivement des droits politiques et
civils. Elle ne comptait pas l'homme, en tant
qu'être individuel. Le christianisme, au contraire,
fait prévaloir le respect de l'homme pour l'homme,
à raison de notre fraternité dans le sang et de
nos hautes destinées dans le Christ. La vie

humaine, fût-elle celle du dernier des esclaves, est plus précieuse que tous les biens terrestres. Le meurtre est donc le plus grand des crimes, et la guerre n'est qu'une chaîne de meurtres, si elle a pour mobile la satisfaction d'une passion particulière, soit l'ambition, soit la jalousie, soit la vaine gloire. Elle ne peut légitimement se faire que dans l'intérêt de la justice, pour repousser l'agression ou défendre l'honneur d'un peuple, ou une province injustement enlevée, ou un principe d'humanité.

Respect à la propriété.

Si, anciennement, le vol nocturne et la piraterie étaient tolérés ou autorisés, pour habituer les esprits aux ruses et à l'exercice de la guerre, la Religion chrétienne défend, non seulement toute injustice de fait, mais même celle de la pensée. Commise, elle doit être réparée, sous peine de damnation éternelle. *Non remittitur peccatum, nisi restituatur ablatum.* La guerre n'est qu'une suite de brigandages, lorsqu'elle n'est pas *juste dans ses causes.* Nous nous bornons à indiquer cet ordre d'idées, universellement admises par les publicistes et les gouvernements imprégnés du suc de l'Evangile. Il n'y a pas un peuple chrétien qui oserait légalement autoriser le brigandage. Il serait au ban de l'opinion publique.

Respect à l'esprit des nationalités.

Par conséquent :

Solidarité entre les princes ou peuples chrétiens, et guerres moins fréquentes dans le christianisme que dans le paganisme.

Dans l'antiquité, aucune nationalité ne pouvait exister l'une à côté de l'autre. Il y avait antipathie

et exclusion naturelle. Celle qui était prépondérante
faisait entendre le cri de mort : *Delenda
Carthago ! Væ victis !* Voilà pourquoi le monde
antique tournait dans un cercle de luttes, de batailles
et de victoires. Il ne finissait la guerre que pour la
recommencer : tout devait tomber sous les coups du
vainqueur. Ce qui a donné lieu à la succession
des quatre grandes monarchies qui, tour à tour, ont
dominé l'Univers. La guerre devint ainsi, non une
exception, mais l'état habituel de la société.

Malheureusement, aujourd'hui comme dans l'antiquité païenne, des gouvernements sortis du catholicisme, font la guerre en païens, non en disciples de
Jésus-Christ.

Dans les nations chrétiennes, une chose
survit à tous les désastres, *c'est l'esprit des nationalités.* Elles ne se laissent ni assimiler, ni absorber,
ni effacer par une puissance plus forte. On dirait
qu'elles portent un caractère indélébile, comme le
baptême qu'elles ont reçu. Ecrasées, elles finissent par
briser leurs chaînes et reconquérir leur indépendance : témoin l'Espagne, qui lutta pendant huit
siècles contre le despotisme des Maures et parvint à
les chasser de la péninsule ; témoin la Grèce qui,
après quatre siècles d'oppression, retrouve un simu-
lacre de vie ; témoin la Pologne et l'Irlande qui, comme
la roche d'Eole renfermant les vents, et font, sous les
pieds des oppresseurs, continuellement entendre le
bruit sourd des tempêtes. Gémissant sous les
étreintes du schisme et de l'hérésie, ces deux nobles
pays ressusciteront aussi à l'indépendance au moment marqué par le doigt de Dieu. Avec cet esprit

de nationalité que le principe chrétien rend
immortel, ii s'est formé une espèce de solidarité
entre les divers gouvernements chrétiens, ce qui
rend la monarchie universelle impossible. Les puissances formées par l'esprit de l'Evangile se ligueront
toujours contre celle qui prétend à la domination,
pour arrêter et briser ses tendances à l'omnipotence.
Jamais, tant qu'il restera une nation chrétienne qui
a conscience de la justice et de sa vocation, aucun
homme ne pourra plus s'écrier comme Nabuchodo-
nosor, comme Alexandre, comme César : *Je suis le
maître de la terre, muette devant ma puissance.
Siluit terra in conspectu ejus.*

Le christianisme ne permettra plus l'asservissement universel. Le noble sentiment de la liberté
nationale dans la société chrétienne fut une des
causes principales des Croisades, qui ont servi
autant la politique des nations que les intérêts de la
Religion. Si la délivrance du tombeau de Jésus-Christ
était le mot d'ordre, une entreprise belle et élevée
aux yeux de la foi, l'œuvre des Papes et des rois
avait pour but encore de frapper au cœur le Maho-
métisme, qui prétendait à la conquête du monde et à
l'asservissement général. Que l'épée de Godefroi, de
saint Louis, de Richard-Cœur-de-Lion, de Frédéric,
etc., n'ait pas été tirée sur les côtes de l'Asie et de
l'Afrique, l'Europe chrétienne ne serait pas à la
tête de la civilisation, et ne promènerait pas sur
toutes les mers ses escadres victorieuses, pour faire
prévaloir d'ordinaire les lois de la justice et de l'humanité. Le sceptre musulman aurait brisé et broyé
tout, sous son despotisme abject et matériel.

Dans l'intérêt de la civilisation, la main charitable et ingénieuse de la Religion, constitua les nations chrétiennes plutôt pour la paix que pour la guerre. A mesure que les Barbares qui envahirent l'empire romain embrassèrent le christianisme, ils déposèrent leur humeur guerrière, se fixèrent au sol, convertirent leur épée en soc de charrue, formèrent des écoles, furent initiés aux arts, aux sciences et à tous les avantages d'une vie policée. C'est ainsi que l'idée chrétienne a transformé les Francs, les Goths, les Allemands, les Vandales, les Bourguignons, les Huns, les Saxons, les Normands, les Lombards, les Frisons, les Danois et une partie des Slaves. Tous les peuples barbares, vaincus ou vainqueurs, qui forment l'Europe moderne, ont été conquis à la civilisation, grâce à l'action de l'Eglise, et sont mille fois plus pacifiques, que quand ils erraient dans les forêts et les marais de la Germanie. Charlemagne, le fondateur, pour ainsi dire, de la société moderne, était presque continuellement en guerre. Or, M. Guizot lui-même remarque que « ses guerres furent essentiellement défensives, amenées par un triple intérêt de territoire, de race et de Religion (1). »

Sans doute, le moyen-âge, si plein de foi, nous présente le spectacle d'une foule de seigneurs toujours guerroyant les uns contre les autres, jusqu'à ce que la Papauté parvint à réunir toutes les influences hostiles contre l'islamisme, l'ennemi commun. C'était une conséquence nécessaire de la situation des esprits et des choses à cette époque. Si l'homme ne change pas facilement d'habitudes, les

(1) *Civil. moderne*, LXXXIX° Leçon.

peuples éprouvent encore plus de difficultés à quitter un régime longtemps suivi. Il fallait le travail séculaire de l'Eglise pour tempérer dans la race *franco* et *anglo-germaine* cette humeur-guerrière, qui lui était naturelle. D'ailleurs, à l'invasion des Normands, les derniers Carlovingiens, se trouvant trop faibles pour défendre la société menacée par les hordes dévastatrices sorties des flancs du Nord, laissèrent à chaque seigneur le soin de veiller au sol et aux personnes de son domaine. De là, le système féodal, créé sous l'empire de la nécessité. Défensif d'abord, il devint, par abus, agressif ; et d'asile qu'il était, il se transforma en moyen de brigandage.

Si, après la Réforme, les guerres religieuses et sociales devinrent sanglantes, païennes et fréquentes en Europe, c'est que les idées du paganisme furent ressuscitées dans la politique par la Renaissance. L'ambition conçut de nouveau le rêve de la monarchie universelle. Philippe II, Louis XIV, Napoléon Ier, Guillaume Ier nouvel empereur d'Allemagne, reprirent les allures des Césars. Du reste, malgré les causes de profondes divisions qui existent dans les esprits, à raison de la divergence des idées religieuses, il se conserve, dans les sociétés chrétiennes, un fonds de respect *pour la vie de l'homme, la propriété et la justice*, qu'on chercherait vainement ailleurs. Il n'y a pas de prince en Europe qui, tout en aimant la guerre, ne soit obligé, pour sauver les apparences, de mettre en avant son amour de la paix et la nécessité où il est de défendre, non sa vanité personnelle, mais l'intérêt et l'honneur du pays, sous la pression de l'opinion publique et des mœurs chrétiennes.

Napoléon Ier, qui, du reste, n'était pas scrupuleux et de caractère pacifique, écrivant à Georges III, roi d'Angleterre, s'écrie lui-même : « Comment les deux nations les plus éclairées de l'Europe, puissantes et fortes plus que ne l'exigent leur sûreté et leur indépendance, peuvent-elles sacrifier à des idées de vaine grandeur le bien du commerce, la prospérité intérieure et le bonheur des familles ? Comment ne sentent-elles pas que la paix est le premier des besoins, comme la première des gloires (1) ? »

Ces paroles pacifiques, prononcées par le plus grand guerrier des temps modernes, ne sont que le germe de cette autre proclamation faite par Napoléon III, le jour de l'ouverture de la Chambre législative, en 1854 :

« J'aime à le proclamer hautement : le temps des conquêtes est passé sans retour. Car, ce n'est pas en reculant les limites de son territoire qu'une nation peut désormais être honorée et puissante, c'est en se mettant à la tête des idées généreuses, en faisant prévaloir partout l'empire du droit et de la justice. »

Guillaume Ier, le fondateur de l'unité politique de l'Allemagne, le vainqueur de l'Autriche et de la France catholiques, tout en se préparant continuellement à la guerre, affichait dans ses proclamations son grand amour pour la paix.

Ainsi la paix, dans le christianisme, est devenue un besoin social, et la guerre un phénomène, une exception, le fléau de Dieu et des hommes. Donc, la guerre fut plus juste dans ses causes.

(1) Napoléon à Georges III.

CHAPITRE VI

LES RÈGLES INTRODUITES DANS LA GUERRE
PAR LE CHRISTIANISME

Dans l'antiquité, la guerre nourrissait la guerre, et tout y était permis.

Virtus an dolus quis requirat in hoste ?

Le seul droit qu'on respectait encore généralement était celui des ambassadeurs, qui est de l'essence du droit des nations, *jus gentium*. Le pillage, le viol, le meurtre, la servitude étaient les maux inséparables de ce terrible fléau. Un pays conquis appartenait corps et biens au vainqueur, et la plupart du temps la conquête n'était pas un droit d'acquisition, de conservation, d'usage, mais de destruction. Les villes prises étaient saccagées ou détruites de fond en comble, témoin : Ninive, Babylone, Troie, Tyr, Jérusalem, Persépolis, Carthage, Numance, Corinthe, Rome, etc. Les exterminations en masses, des crimes contre nature, suivaient la victoire. Rien n'était sacré, ni les temples des dieux, ni les autels. On souillait de meurtre, le sacrifice qu'on préparait au Ciel.

Sanguine fœdantur, quos ipse sacraverat ignes.

L'infortuné qui échappait au glaive pouvait à juste titre s'écrier :

« Heureux, mille fois heureux! ceux qui n'ont pas vu mes fils immolés, mes filles arrachées de mon palais, nos lits souillés, nos tendres enfants dans l'horreur du meurtre, écrasés contre la pierre, et les femmes de mes fils entraînées par des mains barbares (1) ».

« Je suis destiné à être le jouet d'un cruel vainqueur et à descendre dans la tombe, par la route la plus obscure et la plus horrible (2) ».

Si les guerres chrétiennes sont sanglantes, car les armes y sont également meurtrières, du moins elles ont des lois et des règles.

> Sunt certi denique fines,
> Quos ultrà citràque nequit consistere rectum.

Toujours comme le remarque saint Augustin, les temples y ont été des asiles, contrairement au droit païen (3). On y respecte ces grandes choses, qui sont de l'essence de la civilisation :

La propriété particulière ;
La pudeur des femmes ;
La liberté naturelle ;
La vie de l'innocent ;
Les monuments de la Religion et de la douleur (hôpitaux).
Les chefs-d'œuvre des arts et des sciences.

On y a des soins pour les blessés et des égards pour le courage malheureux. On n'y cherche qu'à nuire à l'ennemi armé. Les prisonniers n'y sont

(1) *Iliad.*, chant XXII.
(2) *Odyss.*, ch. V.
(3) *Civ. Dei*, l. I, c. VII.

11

plus mutilés à dessein, vendus à l'encan, flétris par la plus abominable luxure. La cruauté froide y est un crime, et le pillage non autorisé par les chefs un vol. On ne citera pas une capitale ruinée de fond en comble par un peuple chrétien. Qu'on compare les héros du christianisme, tels que saint Louis, Bayard, Turenne, Condé, Drouot, etc., avec les héros de l'antiquité, et l'on verra où est la noblesse, la grandeur d'âme, la générosité, le pardon des injures, le véritable sentiment de l'honneur et de la dignité. Nous défions d'établir, sous ce rapport, un parallèle.

En résumé, si la guerre devient parfois nécessaire, dans la civilisation formée par l'Evangile, et entre comme expiation ou comme moyen de propagande religieuse dans le plan de la Providence, les peuples chrétiens se rappelleront que le Christ, notre Dieu, c'est le *le Dieu, le Prince de la paix, Deus pacis, Princeps pacis*, et que l'union, l'harmonie entre les divers membres du corps social et de l'humanité, sont le premier des besoins, la plus grande des gloires.

O Dieu de la paix ! dissipez les races guerrières ; *dissipa gentes quæ bella volunt.* Donnez la paix à nos intelligences, à nos cœurs, à nos familles, à nos cités, aux divers peuples qui composent votre domaine. *Deus pacis, nobiscum.*

Merci ! mille fois merci ! ô Christ, qui avez voulu que la cour céleste chantât sur votre berceau : *Gloire à Dieu, et paix aux hommes de bonne volonté; Gloria Deo in excelsis, et pax hominibus bonæ voluntatis.* C'est à vous, ô divin Sauveur, à votre esprit, à votre Evangile, que nous devons le règne relatif de la paix sur la terre ; c'est à votre charité encore que nous sommes redevables, dans la guerre comme dans la victoire, d'un certain droit de modération et de justice inconnu, aux nations étrangères à votre doctrine et assises dans les ténèbres de l'infidélité. Donc à vous, ô grand pacificateur et bienfaiteur de l'humanité, honneur et bénédiction dans les siècles des siècles !

Les règles tutélaires de la guerre, selon l'esprit chrétien, sont au nombre de sept. Nous les indiquons ici, afin qu'on puisse plus facilement en saisir l'ensemble. Quant aux détails, nous renvoyons aux chapitres V et VI de la présente étude.

Une guerre chrétienne demande :

I. *Le respect du courage malheureux*, celui de la vie et de l'intégrité des membres des prisonniers.

II. *Le respect de la liberté naturelle.*

III. *Le respect de la pudeur des femmes.*

IV. *Le respect des lieux consacrés au culte et des choses saintes.*

V. *Le respect des monuments de la douleur et des arts.*

VI. Le *respect* de la *nationalité* des vaincus.

VII. Comme conséquence, *le respect de l'esprit de la solidarité* parmi les nations chrétiennes. Après les considérations générales, nous avons traité, avec quelques détails, la *question spéciale de l'Alsace-Lorraine.*

Au nom des principes de l'*Evangile*, au nom de la *théologie*, nous avons proclamé qu'en âme et conscience, la France est obligée de délivrer l'Alsace-Lorraine du joug allemand.

C'est pour elle :

I. *Une question d'honneur ;*

II. *Une question de justice ;*

III. *Une question de vie internationale.*

Réduits à la cruelle nécessité de soutenir une lutte sanglante, nous en appelons au tribunal du *Très-Haut* et à celui de tous les hommes équitables du monde civilisé.

Nous espérons de l'éternelle justice, que les flots de sang versé dans les batailles futures seront des pluies de malédictions, pour nos vainqueurs en 1870. Malgré les justes réclamations de plus de vingt ans, ils nous ont jeté le *défi* et nous ont insolemment posé un *casus belli*, resté sans solution, en nous *arrachant l'Alsace-Lorraine.*

Donc, ô femmes, ô enfants de la France et catholoques de l'Univers, que nos humbles supplications, montent, dès maintenant, vers le *trône de l'Ancien des jours*, comme un parfum de bonne odeur ; que la bénédiction de sa grande miséricorde descende sur nous et nos familles ; qu'il daigne surtout pardonner à notre Patrie, si coupable, ses *crimes nationaux, ses blasphèmes, ses profanations des dimanches et des fêtes, son esprit d'impiété* dans ses classes dirigeantes, et ses *horribles abus du Sacrement de mariage,* afin que la fille aînée de l'Eglise, *pénitente et dévouée au Sacré-Cœur,* ainsi que l'atteste solennellement *le magnifique sanctuaire* élevé sur le *Montmartre* de Paris et livré depuis quelques semaines au culte, en dépit du rugissement et des clameurs de l'Enfer, puisse devenir le pèlerinage commun du monde catholique, et que la

France reprenne son rôle historique et national, qu'elle reste toujours l'Apôtre et l'épée armée du Christ, et qu'*unie au vaste empire de Russie,* elle cherche à procurer le triomphe de la vérité religieuse, sur le globe terrestre, et qu'aux cris mille fois répétés des Anges du Ciel et des élus de la terre, il n'y ait plus qu'un *seul troupeau,* qu'un *seul Pasteur* dans le lien de la Charité commune, pour chanter : *Honneur, louange, gloire à Jésus-Christ dans les siècles des siècles. Christus vincit, Christus regnat, Christus imperat.* Amen ! éternellement amen !!

FIN

LOUÉ SOIT JÉSUS-CHRIST

TABLE DES MATIÈRES

Nancy. — Imprimerie A. NICOLLE, 25, rue de la Pépinière.

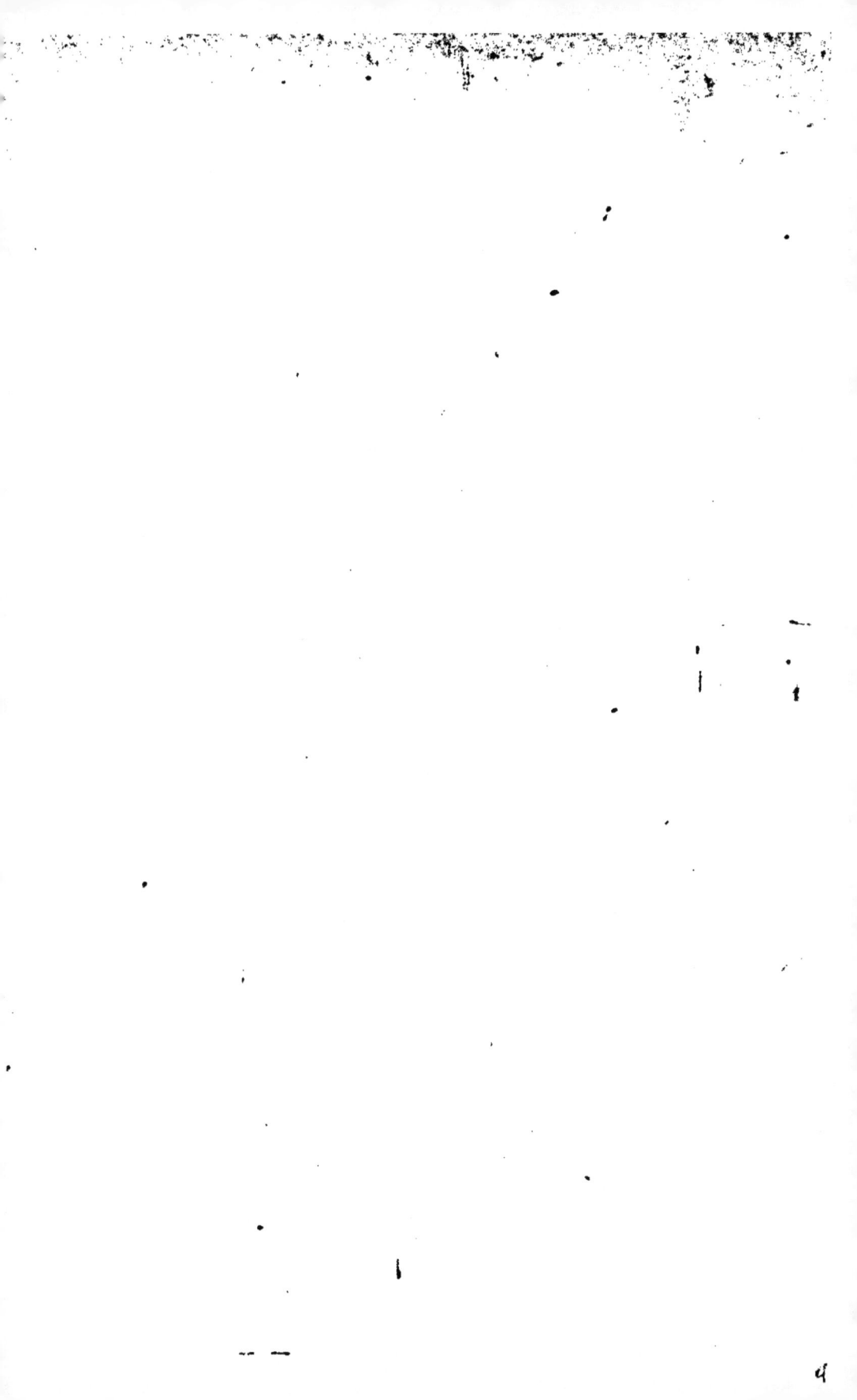

www.ingramcontent.com/pod-product-compliance
Lightning Source LLC
Chambersburg PA
CBHW072058080426

42733CB00010B/2155